Un cubiche en la luna
Tres obras teatrales

por Iván Acosta

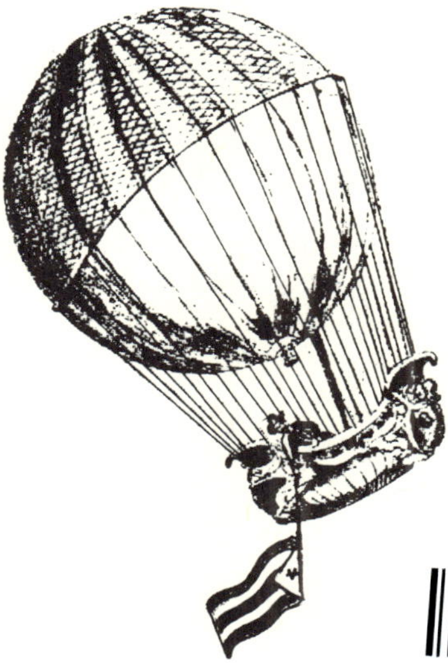

Arte Publico Press
Houston

La publicación de este volumen fue subvencionada por la Fundación Ford y el Fondo Nacional para las Artes.

Arte Publico Press
University of Houston
Houston, Texas 77204-2090

Acosta, Iván, 1943-
Un cubiche en la luna y otras obras / por Iván Acosta.
p. cm.
Contents: Un cubiche en la luna -- Recojan las serpentinas que se acabó el carnaval -- No son todos los que están.
ISBN 0-934770-99-9 : $8.50
I. Title.
PQ7390.A264C8
862--dc20 89-32610
CIP

Printed in the United States of America

The paper used in this publication meets the minimum requirements of the American National Standard for Permanence of Paper for Printed Library Materials Z39.48-1984.

Contenido

A: Teresa, Yaritza y Amaury
Con mucho amor

Un cubiche en la luna

PRIMER ACTO

ESCENA PRIMERA

La escenografía estará compuesta de una pared de tablones, unas cuantas gomas de automóviles, varias herramientas, pedazos de plásticos, sogas, un banquito y papeles con planos dibujados, y un dibujo de un globo volador. Al lado derecho de la pared de tablones que divide el escenario está la calle: una calle típica de la Habana vieja. Aparece FEDERICO *trabajando sobre una mesa de carpintería. Con los golpes del martillo va creando un ritmo, el cual es continuado por la gente de la calle. El ritmo se hace más intenso hasta crear la melodía de la primera canción. Termina la canción.* FEDERICO *mide algo.*

PERUCHO: (*Entrando.*) ¿Qué dice el futuro Matías Pérez?

FEDERICO: Que esto está de madre.

PERUCHO: ¿Todavía no has podido armar ese rompecabezas?

FEDERICO: No. Pero ése no es el problema.

PERUCHO: ¿Cuál es el problema?

FEDERICO: Que estos planos están en ruso.

PERUCHO: Ah, pero eso se resuelve muy fácil. Yo tengo un diccionario ruso.

FEDERICO: Yo también tengo uno que Silvia me regaló. Pero no he podido encontrar ni una sola palabra.

PERUCHO: Déjame verlo, ¿tú lo tienes ahí? ¿Qué palabra es la que estás buscando?

FEDERICO: Estoy buscando varias palabras. Por ejemplo, ésta. (FEDERICO *le muestra la palabra a* PERUCHO. PERUCHO *busca pero no la encuentra.*)

PERUCHO: Verdad que no está aquí. Déjame ver esta otra . . .

Tampoco está aquí. Se me ocurre una idea. El hijo de Josefa, la del Poder Popular, estuvo en Rusia hace poco. El sabe hablar ruso y te la puede traducir. Ahora mismo regreso, voy a buscarlo.

FEDERICO: Gracias. Te lo voy a agradecer. (*Entra* SILVIA *la novia de* FEDERICO. FEDERICO *está trabajando detrás de uno barriles*.)

SILVIA: Fede . . . Fede . . .

FEDERICO: Aquí estoy mi amor.

SILVIA: Ay, no te veía, estás todo cubierto de acerrín. No te puedo dar un besito.

FEDERICO: Pero los labios los tengo limpios.

SILVIA: (*Lo besa*.) Mira lo que te conseguí. (*Le muestra dos toallas*.)

FEDERICO: Eh, ¿de dónde sacaste eso? ¿Quién te las consiguió?

SILVIA: Anita, mi prima. Y mira lo que dice el sello. Made in USA. Se las trajeron los de la comunidad. Federico, yo quisiera que tú vieras cómo le han traído cosas. Hasta una máquina eléctrica que lava platos. ¿Tú te imaginas?

FEDERICO: Están bien lindas. Se ve que son buenas. ¿Te las regaló?

SILVIA: ¿Me las rega-qué? Tú estás loco. Me las vendió. Quince pesitos cada una. Tú verás que poco a poco lo vamos consiguiendo todo.

FEDERICO: Hasta que no consigamos en donde vivir, yo no voy a poder estar tranquilo.

SILVIA: ¿Fuiste a hablar de nuevo con la gente del departamento de viviendas?

FEDERICO: Sí. Me dijeron lo mismo de siempre. Que hay una lista bien larga. Que no pierda la calma. Que ellos me avisan. Hace tres años que estoy aguantando la calma.

SILIVA: Tú sabes bien que eso es así. Fede, tú crees que si nosotros nos casamos, eso apura la solicitud. Vaya, si ellos ven que estamos casados . . . Tal vez, ¿no?

FEDERICO: De eso nada, Silvia. Yo no quiero casarme contigo y seguir viviendo separados.

SILVIA: Pero no seremos los últimos, ni los primeros.

FEDERICO: ¿Para qué? Para seguir haciendo cola en los moteles.

Para eso no hay que estar casados.

SILVIA: Mientras tanto podemos vivir en la casa de mis padres.

FEDERICO: Con tus cuatro hermanos allí metidos. Tú sabes que Felipito no me traga. Además, allí no hay espacio ni para los ratones. Y me molesta ver a Felipito haciendo alardes con su carnecito de investigador.

SILVIA: Pues seguiremos separados. Esperando.

FEDERICO: Tu verás, Silvia. Esto que yo estoy haciendo va a cambiar nuestras vidas. Tú vas a ver.

SILVIA: (*Apática.*) ¿Tú crees?

FEDERICO: Claro, mi amorcito. Fíjate bien. Imagínate: 26 de julio, Plaza de la Revolución. Fifo y su tabacón dando muela por el micrófono. Muchos aplausos. De pronto Fidel hace así y ve algo volando en el cielo. Es un OVNI, no. Es un pájaro, no. Es superman, tampoco. Ta-ta-ta-tá . . . Es Federico, volando en su globo rojo, blanco y azul, como la bandera. Miles de papelitos llueven desde el globo. Todo el mundo los recoge. Uno de los papelitos cae en las manos del comandante en jefe. Ve su fotografía impresa en el volante. Fifo, emocionado, me manda a bajar. Me felicita en frente de la multitud. Me pregunta por qué he hecho un acto como ése. Le contesto que para él y para el 26 de julio. Me pregunta que si no me da miedo. Tú sabes cómo es Fidel. Le contesto que por él y por el pueblo de Cuba yo soy capaz de subir hasta la luna. Entonces. Escucha bien ahora. Me pregunta que cuál es mi mayor deseo como buen revolucionario que soy. Yo le contesto inmediatamente. Yo deseo vivir como deben de vivir los buenos revolucionarios. Todo lo que deseo es un apartamentico chiquitico para poderme casar con mi noviecita Silvia. Te das cuenta por donde vengo. Entonces, en seguida él ordena que me entreguen un apartamento de alguien que se haya ido de Cuba. Y tracatán-pun-pan. Colorín colorado este cuento se ha acabado. Y con un final feliz. ¿Tú ves lo que te digo, mi vida? Hay que saber usar el coco.

SILVIA: Ojalá y así sea Federico. (*Entra* PERUCHO *con* ENRIQUITO. ENRIQUITO *luce muy ceremonioso. Es gago.*)

PERUCHO: Hola Silvia, ¿cómo estás? Mira, Federico, éste es el hijo de Josefa.

FEDERICO: Sí. Yo lo conozco. Nos hemos visto.

ENRIQUITO: (*Gagueando.*) Ya Perucho me ha contado la idea suya de volar en un globo. Me parece muy buena idea, si se desarrolla como es debido. Además, sería muy bueno que en Cuba se creara este deporte.

PERUCHO: Enséñale las palabras que tú necesitas traducir, Federico. (FEDERICO *le muestra las palabras en su diccionario.*) Pero esto no está en ruso. Esto está en Polaco.

FEDERICO: ¿Cómo? ¿En polaco? (*Todos se echan a reír.*)

PERUCHO: Vaya. Confundiste la magnesia con la gimnasia, compañero.

FEDERICO: Es que para mí todas son iguales. Polacas, rusas, checas. No hay mucha diferencia.

ENRIQUITO: (*Erguido.*) Sí, existe mucha diferencia, compañero. Entre la hermana República Socialista Soviética y la República Socialista de Polonia o la de Checoslovaquia hay muchísima diferencia.

FEDERICO: Bueno, yo sé que hay mucha diferencia. Lo que yo quise decir es que no entiendo ninguno de los dos idiomas.

ENRIQUITO: Me parece que sería muy beneficioso para usted, compañero, el saber diferenciar entre el ruso, el checo y el polaco. ¿No cree usted?

FEDERICO: Creo que sí, compañero. (ENRIQUITO *cierra el diccionario con fuerza, se cuadra y sale rápido.*) ¿Y qué le pasa a éste?

PERUCHO: Desde que regresó de Rusia se ha convertido en un militante de primera fila.

SILVIA: Tremenda rectitud. Un poquito más y te muerde. (FEDERICO *coge los planos y los echa en la basura.*)

FEDERICO: Al diablo con los polacos y los rusos. Ustedes van a ver que mi globo va a volar a mi manera.

Apagón

ESCENA SEGUNDA

La parte de abajo del globo ya está terminada. FEDERICO *aparece trabajando sobre la misma.* SILVIA *está sentada sobre una caja leyendo en voz alta el libro "Voló como Matías Pérez".*

SILVIA: ¿Ya tú ves lo que decía Perucho? Era verdad. ¿Tú ves, tú ves?

FEDERICO: ¿Tú ves, tú ves qué? Yo no veo nada.

SILVIA: Más nunca lo encontraron.

FEDERICO: Mi vida, eso era en aquella época. Hoy en día nadie se pierde en el aire. Acuérdate que todo lo que sube, tiene que bajar.

SILVIA: Eso no me lo tienes que decir. Me consta.

FEDERICO: Como si tú no supieras qué.

SILVIA: Eso mismito. Que todo lo que sube, (*Hace un gesto con el brazo.*) luego tiene que bajar. Pero acuérdate de Camilo Ciénfuegos. Se perdió en un avión y más nunca lo encontraron.

FEDERICO: Bueno. Eso dicen. (*Entra el agente de seguridad del estado en ropas civiles.*)

AGENTE: Buenos días, compañeros.

FEDERICO Y SILVIA: Buenos días, compañero.

AGENTE: ¿Federico?

FEDERICO: Sí.

AGENTE: Compañero, usted es él que está construyendo un globo. ¿Y qué, para volar?

FEDERICO: Sí, compañero.

AGENTE: (*Le enseña un carnet.*) ¿No le molesta que le haga unas cuantas preguntica? Ya estamos preparando las festividades para el 26 de julio y necesitamos saber unas cuantas cositas acerca de usted y su proyectico.

SILVIA: ¿Y desde ahora ya está haciendo las preparaciones?

AGENTE: Sí, compañerita. Acuérdese que camarón que se duerme, se lo lleva la corriente. La compañera Arce nos informó acerca de su proyecto. Nos parece muy interesante su empeño. Por eso deseamos hacerle las siguientes preguntica.

SILVIA: Con su permisito, compañero. Fede . . . yo voy a llegarme hasta casa de Lala por un ratico.

FEDERICO: Está bien, mi amorcito.

SILVIA: Hasta lueguito.

AGENTE: Muy simpática la jovencita. ¿Es su esposa?

FEDERICO: No. Todavía no. No nos hemos podido casar porque no tenemos donde vivir.

AGENTE: Ese es un problema bastante común hoy en día. Pero muy pronto se resolverá. Ya verás, con el tiempo y un ganchito.

FEDERICO: Ojalá.

AGENTE: Bueno, vamos a meterle mano al cuestionario. Dime, Federico, ¿de qué parte de Cuba eres?

FEDERICO: De Santiago de Cuba.

AGENTE: De la antigua provincia de Oriente. Muy bien, ¿qué tiempo llevas viviendo en La Habana?

FEDERICO: Como siete años.

AGENTE: ¿Cuándo hicistes el servicio militar?

FEDERICO: Bueno, yo fui miliciano por cinco años.

AGENTE: Ah, fuiste. Ya no lo eres.

FEDERICO: Hace dos años que me licenciaron.

AGENTE: ¿Has estado en algún curso de capacitación marxista-leninista?

FEDERICO: Bueno, yo empecé a ir una vez, pero para serle sincero, compañero, no es que no me gusten Marx o Lenin, al contrario, es que me daba una clase de sueño. Yo no sirvo para esas cosas de la dialéctica. Yo soy hombre de acción. ¿Comprende?

AGENTE: Comprendo. (*Dice en voz baja lo que escribe.*) No ha asistido a ningún curso de capacitación marxista-leninista. ¿Dónde tú trabajas acutalmente?

FEDERICO: Yo manejo un camión del Consolidado del Calzado.

AGENTE: ¿Qué haces con el camión?

FEDERICO: Llevar zapatos de un lado para otro.

AGENTE: (*Mirándose sus zapatos.*) Zapatos, ¿eh? Y antes, ¿qué hacías?

FEDERICO: ¿Antes de trabajar para el consolidado del calzado?

AGENTE: Sí.

FEDERICO: Antes, también trabajaba con zapatos. Pero arreglándolos.

AGENTE: Zapatero. La última pregunta. ¿Qué tú crees de la Revolución?

FEDERICO: ¿Qué yo creo de la Revolución? Eso ni se pregunta, compañero. Vaya, ¿que lo que voy a creer?

AGENTE: Esa es la pregunta, ¿qué tú crees?

FEDERICO: Pues, yo creo que esto es lo más grande del mundo. Vaya, esto no se ha dado en ningún otro lado. Las cosas que la Revolución ha hecho. Todo es tremendo. Esto es grande. El partido. El poder popular. Los comités de defensa. Todo es grandioso. A mí me parece que todo esto es bueno. ¿Usted no cree? (*El* AGENTE *lo observa sin decir una sola palabra.*) Todo es grande, bien grande. Hay gentes que se quejan. ¿Y por qué se quejan? Dicen ellos que hay escasez de todo. Hasta falta de libertad, vaya y otras cosas más. Pero esto va pa'lante, así mismo. Sin carne, sin leche, sin ropa. No importa, esto va pa'lante. Y ahora cuando se solucione el problemita ese de las viviendas . . . entonces las cosas se van a poner mejor. Esto es grandioso. Eso es lo que yo creo. Tenemos atletas. Tenemos tremendo ejército. La zafra va. La Revolución va. Todo va que jode. Para atrás ni para coger impulso. Vaya, patria o muerte, venceremos, ¿no? Eso es lo que yo creo.

AGENTE: Dime, Federico, ¿para qué tú quieres volar en un globo?

FEDERICO: Me parece que debe de ser una sensación muy emocionante. Yo monté en avión una vez. ¿Y tú puedes creer que me encantó? A mí siempre me ha encantado la altura. Además, sería muy bueno de que en Cuba se practicase el deporte de volar en globos.

AGENTE: Eso lo veo muy difícil. Además, es muy costoso.

FEDERICO: A mí no me está costando tanto.

AGENTE: ¿Y de dónde tú estás sacando todos los materiales?

FEDERICO: Pues, de por aquí. De por allá. Usted sabe cómo es eso.

AGENTE: No, compañero, yo no sé cómo es eso.

FEDERICO: Bueno, por ejemplo, estos son pedazos de gomas que ni para tirapiedras sirven.

AGENTE: ¿Y esas lonas y esos hules?

FEDERICO: Las lonas son pedazos que ya no sirven y yo las he cosido juntas. El hule es el que usan en los muelles para cubrir las cosas que vienen de Rusia. Tampoco sirven porque están todos agujereados.

AGENTE: Espero que todo haya sido conseguido legalmente.

FEDERICO: Ah no, eso sí. Desde luego.

AGENTE: Venga acá, Federico. ¿De veras que usted cree que cuando eso esté, pueda volar?

FEDERICO: Yo creo que sí. Y bien alto.

AGENTE: ¿Qué distancia tú crees que esa cosa pueda alcanzar?

FEDERICO: Pues, eso depende. Yo planeo cruzar la Plaza de la Revolución y aterrizar en el malecón.

AGENTE: ¿Desde dónde?

FEDERICO: Desde la carretera de Rancho Boyeros.

AGENTE: (*Pensando.*) Como 18 kilómetros más o menos.

FEDERICO: Más o menos.

AGENTE: (*Observándolo todo.*) Bueno, compañero Federico, te deseo la mejor de las suertes en tu empeño. Más adelante yo pasaré por aquí a ver cómo va el proyecto.

FEDERICO: Cuando desee, compañero. Esta es su casa. Y por supuesto, éste es su globo.

AGENTE: (*Muy contento al escuchar lo del globo.*) Gracias, Federico. Muchas gracias. Hasta la victoria siempre.

FEDERICO: Venceremos. (*El* AGENTE *hace mutis.* FEDERICO *se queda hablando solo.*) Me ha hecho perder una hora de trabajo y para nada. Deja que todo el mundo te vea, globito. Todo el mundo se va a sorprender. Deja que vean al guajirito encaramado allá arriba. Un simple ex-zapatero, creador de esta obra. Una obra espacial. ¿Espacial? Bueno, no tan alto. Pero, sí, una obra de alturas. Desde allá arriba vamos a saludar a todo el mundo. Ya me parece estar viendo mi nombre en el Gramma. Federico Asunción de la Tierra vuela como Matías Pérez. Pero, aterriza sin problema ninguno. Ahora necesito más goma de pegar, más hule. Un poco de carburo. Una lata de gas y un par de anteojos para poder ver desde lo alto. Tú verás, globito. Vamos a volar bien alto. Toda Cuba se va a sorprender. Toda Cuba y todo el mundo. Tú lo verás.

Apagón

ESCENA TERCERA

Una mesita vieja con papeles encima. Una foto de Fidel Castro. Varios "slogans". Una pizarra. Hay varias personas reunidas. Es una reunión del poder popular.

SECRETARIO: Ahora tenemos que tener los ojos más abiertos que nunca. Hay que tener mucho cuidado con esa gente que está viniendo a visitar a su familia, eh, eh. Ojo con ellos. Esa gente de la comunidad del exterior viene a lavarle el cerebro a nuestra juventud socialista, eh, eh. Con sus pitusas, sus radiecitos portátiles, sus grabadoras y sus camaritas yanquis. Eh, eh. Mucho ojo con ellos, compañeros mucho ojo, eh, eh. Bueno, ahora vamos a pasar a la sesión de quejas y comentarios. Vamos a ver. Los que tengan algo que decir, levanten las manos. (*Una mujer levanta las dos manos. Los que están sentados en ambos lados de ella se apartan al sentir el mal olor.*) Vamos a ver, compañera, delegada. Exprese lo que siente.

DELEGADA: Compañeros y compañeras, yo solamente quería decir que en el edificio donde yo vivo, el que el viento le voló el techo el martes pasado, solamente están dándonos agua dos veces por semana. A ver si se podía hacer algo para que diesen agua los sábados también.

SECRETARIO: A ver, compañera secretaria, tome nota de esa queja.

SECRETARIA: Ya están tomadas, compañero.

SECRETARIO: ¿Quién más tiene alguna queja? (*Todos levantan la mano.*) Dígame usted, compañero. ¿Cuál es su problema?

HOMBRE SIN DIENTES: (*Con problemas al hablar.*) Compañero, mi problema es un problema de dientes. (*Todos se ríen.*)

SECRETARIO: Orden, orden. Exprésese mejor, compañero.

HOMBRE SIN DIENTES: Hace más de tres meses me tomaron las medidas de la boca para hacerme una caja nueva. Y éstas son las tristes horas que aún no me la han entregado.

SECRETARIO: Secretaria, apunte eso ahí, que es importante. Compañero, haremos todo lo posible que esté revolucionariamente a nuestro alcance para que le resuelvan lo de su dentadura. Mientras tanto, coma con la dentadura vieja.

HOMBRE SIN DIENTES: Es que se quedaron con la vieja también. (*Una voz grita, "que le den sopa en botella". Todos se ríen.*)

SECRETARIO: Corten el relajito, más respeto en la reunión. Y usted compañero, lo sentimos mucho. Mientras tanto, trate de comer cosas blanditas. Vamos a ver, el próximo. (*Todos levantan la mano.* EL SECRETARIO *señala a* FEDERICO.)

FEDERICO: Compañero, mi problema sigue siendo el mismo de hace tres años. Aún no me han resuelto lo del apartamentico. Si ustedes pudiesen hacer algo, se lo iba a agradecer.

SECRETARIO: Bueno, compañero Federico, eso sí que está difícil.El asunto de las viviendas es un problema a nivel nacional. La Revolución está tratando de combatirlo. Pero eso toma su tiempecito. Recuerden que Fidel prometió que se construirían 10,000 unidades nuevas, de las cuales 5,000 serían construidas en la Habana. Y seguramente, compañero Federico, una de esas 5,000 será para usted. Próximo.

OTRO COMPAÑERO: Compañeros, lo mío es un problema estomacal.

SECRETARIO: ¿Qué le sucede, compañero Cheo? Está padeciendo del estómago?

OTRO COMPAÑERO: No, compañero, estoy padeciendo de hambre. (*Todos se ríen.*)

SECRETARIO: Corten el relajo, corten los chistesitos, ¡carajo!

OTRO COMPAÑERO: No es ningún chistesito, compañero. Es cierto. Con la cantidad de carne que están repartiendo ahora, no alcanza ni para darle sabor a una sopita. Además, yo me he enterado que por otros barrios están dando más.

TODOS AL UNISONO: Es verdad, eso es verdad.

UNA COMPAÑERA: A los gusanos que vienen con el lío de que son de la comunidad del exterior, les dan carne, jamón y todo. Y nosotros que estamos aquí, mordiendo el cordován y comiéndonos un cable, cada día que pasa nos cortan más la ración. Eso no es justo.

SECRETARIO: Silencio, silencio, coño, silencio. Compañera, usted sabe muy bien que la carne y todo, absolutamente todo, se reparte de igual forma, de igual manera y de igual cantidad en todos los barrios. Esa es la virtud de la igualdad socialista. Si hay abundancia, pues abundancia para todos. Si hay escasez, pues escasez para todos. Sobre los ciudadanos miembros de la comunidad del exterior, todos sabemos que eso se trata de una estrategia muy inteligentemente creada por el comandante en jefe y el partido, como parte de una estrategia propagandística para confundir a los yanquis y traer los dólares que mucha falta nos hacen.

UNA COMPAÑERA: Lo sabemos, compañero secretario, pero recuérdese que el que reparte y reparte siempre agarra la mayor parte.

SECRETARIO: Jamás eso ha sucedido en nuestra Revolución. No tengo la menor duda de eso. Y ustedes, miembros de la asamblea general, ¿tienen alguna duda? (*El y la secretaria miran detenidamente a los miembros de la asamblea.*)

TODOS AL UNISONO: No, compañero, no.

SECRETARIO: Muy bien. Hemos terminado con las quejas. Vamos a escuchar los elogios ahora. (*Todos guardan silencio.*) Ah, no hay elogios. Muy bien, muy bien. Pues, yo sí tengo un elogio muy especial. En esta ocasión me voy a referir a un compañero ejemplar. Federico Asunción de la Tierra está sacrificando sus horas de sueño, sus pocos recursos económicos, sus energías fisícas e intelectuales para construir un globo volador. Sí, un globo volador para hacerlo volar sobre la Plaza de la Revolución y desde allá arriba, desde lo alto, mandar un saludo revolucionario a nuestro máximo líder y a nuestro heroico pueblo. Por esa razón hoy declaramos a nuestro compañero Federico Asunción de la Tierra como hombre ejemplar de este mes. En nombre del partido, en nombre del comité de defensa, en nombre del comité central y en nombre de todos los vecinos puros en cuerpo y alma que ni intentaron ni jamás pensaron en colarse en la embajada de Perú, te felicitamos, compañero Federico Asunción de la Tierra. Ojalá y puedas volar bien alto. Patria o Muerte.

TODOS: Volaremos.

Apagón

ESCENA CUARTA

FEDERICO *está trabajando en el taller. Está escuchando música bien alta.* SILVIA *entra con un paquetico en las manos. No ve a* FEDERICO.

SILVIA: Fede . . . Fede . . . Fede. (*Se le acerca por detrás y lo toca por el hombro.* FEDERICO *se asusta y brinca.*)

FEDERICO: ¿Qué pasó?

SILVIA: No ha pasado nada. Baja el radio.

FEDERICO: Tremendo susto que me has dado.

SILVIA: Te estaba gritando desde la puerta. Pero con esa bulla, claro que no me puedes oír.

FEDERICO: Estaba soñando despierto.

SILVIA: ¿Con quién estabas soñando?

FEDERICO: Soñaba que yo iba volando en mi globo. Me parecía ver estrellas. Me pasaban cosas por encima de la cabeza. Zum, zum. Platillos voladores, piedras encendidas, cohetes, de todo. Un sueño bien raro.

SILVIA: Ya me lo imagino. (*Seria.*)

FEDERICO: ¿Por qué estás tan seria?

SILVIA: Ibas volando solo en el globo.

FEDERICO: Vamos. Si solamente era un sueño despierto. Siempre que yo sueño dormido, tú siempre vas en el globo conmigo.

SILVIA: ¿De verdad que sí?

FEDERICO: Claro que sí, mi cariño. (*La besa.*)

SILVIA: Mira lo que te conseguí.

FEDERICO: (*Abre el cartucho.*) Más telas. Ahora, sí, que estoy completo. (*La besa.*) Gracias, mi amor. Tú verás que esto no me va a fallar. (*Entra el* AGENTE. SILVIA *le hace una seña a* FEDERICO.)

AGENTE: ¿Cómo anda el hombre del globo?

FEDERICO: ¿Qué tal? Todavía no anda, pero va andar. Mejor dicho, va a volar.

AGENTE: Crees que estará listo para el 26 de julio.

FEDERICO: Claro que sí. Todavía me queda un mes por delante.

AGENTE: ¿Vas a probarlo primero?

FEDERICO: No creo. No tengo suficiente oxígeno. No quiero mal gastarlo.

AGENTE: Ah, por eso no te preocupes, Federico. Yo te puedo resolver eso. (SILVIA *se va apartando disimuladamente.*)

FEDERICO: ¿Cómo usted cree que me lo pueda resolver?

AGENTE: Yo conozco a un agente por el Cotorro. (*Le hace una seña.*) Ellos me lo pueden resolver.

FEDERICO: Pero eso le va a causar mucha molestia.

AGENTE: Al contrario. No es ninguna molestia. Tu esfuerzo se lo merece todo.

FEDERICO: Pues, yo se lo agradecería muchísimo, compañero.

AGENTE: De acuerdo, Federico, pero mira, en boca cerrada no entran moscas. ¿De acuerdo?

FEDERICO: De acuerdo.

AGENTE: Vaya, no es legal, pero tampoco es ilegal. En este caso esto es un poco ilegal, pero es legal. Porque lo que tú estás haciendo es legal, ¿es o no es? Por lo tanto, no es ilegal. ¿Entiendes?

FEDERICO: (*Medio confuso.*) Lo entiendo perfectamente, compañero.

AGENTE: Bueno, tovarich, hasta pronto. Yo regreso en dos o tres días.

FEDERICO: Hasta pronto, compañero. (*El* AGENTE *sale*

silbando la internacional. SILVIA *regresa al pie de* FEDERICO.)

SILVIA: Fede. Yo creo que tú no debes de confiar mucho en este tipo.

FEDERICO: Mi vida, yo no confío ni en mi sombra, pero, ¿qué voy a hacer?

SILVIA: No debiste de haberle aceptado la oferta.

FEDERICO: Yo no acepté ninguna oferta. Lo único que le dije fue que yo lo entendía. Vaya, eso no es ilegal, ¿no? Aunque no es legal tampoco. Porque en este caso, esto es legal. Por lo tanto, yo no veo nada ilegal. Al contrario, muy legal.

SILVIA: Estás repitiendo lo que él dijo. Ten cuidado que te pueden hacer un número ocho.

FEDERICO: Eso no es legal. (*Se sonríen.*) Esta mañana estuvieron aquí los fotógrafos de las revistas *Bohemia* y *Cuba Internacional.*

SILVIA: ¿Te retrataron?

FEDERICO: Sí.

SILVIA: ¿Ya tú ves lo que yo te digo? Te retrataron a ti solo.

FEDERICO: Pero si tú no estabas aquí. Me dijiste que venías a las once y mira la hora que es. Las tres de la tarde.

SILVIA: Me pasé todo el día tratando de conseguirte la tela esa. Por eso vine a las tres.

FEDERICO: Yo lo sé, mi vida. Ellos vinieron a las once. Me tomaron unas cuantas fotos al pie del globo y se fueron. Eso es bueno. Mientras más cacareen acerca del proyecto, mejor. Así es mejor. Tú verás que eso va a ayudar a que nos den el apartamentico. Tú verás.

SILVIA: Sí, sí. Tú verás, tú verás. Siempre me dices lo mismo. Tú verás. Y no acabo de ver nada. (*Una pausa entre los dos.*)

FEDERICO: ¿Qué nombre tú crees que le debemos de poner?

SILVIA: ¿A quién?

FEDERICO: Al globo.

SILVIA: Tienes que ponerle un nombre bien significativo.¿Qué te parece, Fidel?

FEDERICO: Tú estás loca, ¿para que no vuele?

SILVIA: Playa Girón, Sierra Maestra . . .

FEDERICO: No. Ya eso está demasiado quemado. Hay que buscar

un nombre más original. Algo que llame más la atención.

SILVIA: Ya sé, ya sé. ¿Qué te parece Libertad?

FEDERICO: (*Se queda observándola.*) Me gusta mucho ese nombre. Lo malo es que me metan preso.

SILVIA: ¿Por qué te van a meter preso? Eso no tiene nada de ilegal.

FEDERICO: Es que la palabra libertad ya se ha mal usado tanto.

SILVIA: La habrán mal usado, pero tú la vas a usar bien. Además, así llamaremos más la atención.

FEDERICO: Libertad. Uh, (*Piensa.*) Libertad . . . Pues así mismo se va a llamar. Libertad. Libertad. Se llamará libertad. (*Entra* ENRIQUITO *uniformado con la del comité.*) Libertad. Eso mismo, porque eso es lo que Fidel nos ha dado a todos los cubanos. Libertad.

MUJER DEL COMITE: ¿Qué pasó con la libertad, compañeros?

SILVIA: Hemos decidido bautizar el globo de Federico con el simbólico nombre de Libertad. ¿Qué les parece la idea, compañeros?

MUJER DEL COMITE: Muy significativo ese nombrecito. (*Pensativa.*) ¿Y a ti qué te parece, compañero Enriquito?

ENRIQUITO: (*Gagueando entra en trance.*) Yo comparto la idea. Libertad es un nombre muy significante. La libertad que vive Cuba desde el 1959. La libertad que tiene el pueblo cubano para escoger enter la milicia, el ejército, los comités de defensa, etc., para defender la Revolución. La libertad de ir a la Plaza de la Revolución, a aprobar o a desaprobar con sus gritos y sus aplausos lo que proponga el primer secretario, el general de las fuerzas armadas y presidente, compañero doctor Fidel Castro Ruz. (*Se cuadra. Los tres se han quedado asombrados mirando a* ENRIQUITO.)

FEDERICO: Sí, sí. Por eso mismo que le vamos llamar Libertad.

ENRIQUITO: (*Se vuelve a cuadrar.*) Me parece magnífica la idea. Magnífica. Compañero Federico. Lo felicito, es cierto que usted es un ciudadano ejemplar. (*Sale marchando.*)

MUJER DEL COMITE: Está jodido de la cabeza. (*Sale caminando detrás de él.*) Hasta luego.

SILVIA: ¡Le cayó carcoma! Si siguen viniendo visitas como éstas, nunca terminas.

FEDERICO: A ese pobre muchachito le quemaron el coco en Rusia. Esto yo lo termino en un dos por tres. Bueno, Libertad, ahora sí prepárate. Que pronto vas a estar por encima de las nubes.

SILVIA: Fede . . . bájate de esa nube y ven aquí a la realidad. No vaya a ser que venga un viento fuerte y te me lleve. (FEDERICO *y* SILVIA *se abrazan y comienzan a besarse.* FEDERICO *suelta el martillo y le cae en un pie, brinca del dolor.* SILVIA *se ríe. Continúan besándose.*)

FEDERICO: Bueno, Libertad. Se jodió la mano de obra por el día de hoy. (*Se acuestan. El Globo luce terminado. Se siente una canción popular en el radio.* SILVIA *entra y baja el radio. Se para frente al globo y lo contempla detenidamente.*)

SILVIA: (*Hablando sola.*) Se le metió en la cabeza y lo logró. Cierto que la perseverancia vence a la vagancia. ¿Dónde estará metido? Federico. Fede . . . (FEDERICO *está adentro de la plataforma del globo. Al asomarse asusta a* SILVIA.)

FEDERICO: ¿Qué?

SILVIA: ¿Qué tú haces ahí metido?

FEDERICO: Me quedé dormido. ¿Qué hora es?

SILVIA: Son como las dos. Mira, mi vida, te conseguí la pintura.

FEDERICO: La conseguiste. ¿De qué color?

SILVIA: Amarilla.

FEDERICO: ¿No la había azul? Yo la quería azul.

SILVIA: Mi hijito, a caballo regalado no se les miran los dientes.

FEDERICO: Déjame verla. (*La saca.*) Luce fresca.

SILVIA: Fede . . . ¿tú crees que con todo ese lío que se ha formado con lo de la embajada del Perú te dejan usar el globo?

FEDERICO: Claro que tienen que dejármelo usar. Con lo que yo he pasado para construirlo.

SILVIA: ¿A que tú no te imaginas quiénes se fueron también por el puerto del Mariel?

FEDERICO: ¿Quiénes?

SILVIA: Tula, la vieja del comité de mi barrio con toda su familia.

FEDERICO: No me extraña nada. Aquí el que menos uno se imagina, tiene su gato encerrado. ¿Dónde estará Rolando. Dijo que vendría como a la una con los dos tanques de gas. (*Se ve una lata color fosforescente en el escenario. Entra* ROLANDO.)

AGENTE: Buenas tardes, compañeros.

FEDERICO: Hablando del rey de Roma. Buenas tardes.

SILVIA: No se va a morir por ahora.

AGENTE: Aquí está lo prometido. Acuérdate, ni una palabra a nadie.

FEDERICO: Despreocúpate de eso, compañero.

AGENTE: Federico, ¿tu novia no se pone brava si tu y yo hablamos una cosa en privado?

SILVIA: Porque me voy a poner brava. Ustedes los hombres siempre tienen algún misterio que hablar en privado.(*Se apartan de* SILVIA.)

AGENTE: Federico, la calle está encendida. Yo llevaba cuarenta y ocho horas trabajando sin descanso. Están dando garnatones hasta por gusto. Lo de la embajada del Perú, perdió la mecha. Y la jodienda del Mariel, explotó la bomba. La cosa está encendida. Bueno, tú tienes que saberlo. (FEDERICO *no dice nada.*) Tú sabes que se han ido policías, miembros de la seguridad del estado que trabajaban conmigo mismo. Presidentes de los comités de barrios. Yo no sé adónde esto va a parar, pero la cosa está de película. ¿Qué tú crees?

FEDERICO: Yo creo que todo eso es porquería. Patria o muerte. Pa'trás ni para coger impulso.

AGENTE: Vamos, Federico. No me vengas con esa descarga. Yo sé bien lo que tú te traes entre manos. Yo soy más inteligente de lo que tú te imaginas.

FEDERICO: ¿Qué tú quieres decir con eso?

AGENTE: Coño, 'mano. ¿Qué pasa? Yo sé, yo sé. Vaya, el globo, el vuelo. Los papelitos, el Malecón. Fuácata, tremendo palo tú estás preparando.

FEDERICO: ¿De qué tú hablas, compañero . . . ?

AGENTE: (*Lo interrumpe.*) Tremendo patín tú estás planeando. Vamos, Federico, vamos. Por favor, mi hermano, déjame irme contigo. Tú no te imaginas el trabajo que yo he pasado para conseguirte esos tanques de gas. Ahí entramos los tres. Yo no me metí en la embajada del Perú, porque llegué muy tarde. Y por el Mariel ni pensarlo, me hubiesen echado los perros, me la hubiesen arrancado.

FEDERICO: (*Cortante.*) Yo no sé de lo que usted me está

hablando, compañero. Yo voy a volar en Libertad, el 26 de julio, como lo he planeado. Aterrizaré en el Malecón, eso es todo.

AGENTE: Federico. Si aterrizamos un poquito más alla, ya estamos en la Florida. ¿Qué te pasa?

FEDERICO: Mira, Rolando. Lo único que yo busco detrás de todo esto, es un apartamentico para Silvia y yo vivir tranquilos. Hace tres años que lo estamos esperando. Eso que tú me estás hablando es muy comprometedor y te puede costar unos cuantos años de carcel. Yo no he escuchado nada.

AGENTE: Bueno, Federico. Después que tú hayas aterrizado en el Malecón, si tu me explicas cómo es que se maneja esta cosa, ¿tú crees que yo la pueda volar?

FEDERICO: Después que yo aterrice en el Malecón, lo más probable es que vengan miles de cubanos a querer hacer lo mismo que tú estás diciendo. Y me van a joder el globo. Mejor es que olvides el tango. Si quieres, agarra tus galones de gas y llévatelos.

AGENTE: (*Muy decaído.*) Está bien, Federico. Quédate con ellos. El egoísmo, es el egoísmo. Está bien.

FEDERICO: Te repito, Rolando, yo no sé de qué tú me hablas.

AGENTE: (*En tono alto.*) Bueno, compañero, suerte, mucha suerte. Suerte en tu travesía hasta el Malecón. Hasta el Malecón. Mucha suerte. Que tengas un buen vuelo. Hasta la victoria siempre.

FEDERICO: Volaremos. (*Se para de frente al público. Se escucha su voz, como si estuviese pensando.*) Este tipo se cree que yo soy comemierda. Como si yo no supiera el tipo de trampa que ellos acostumbran a echarle a uno. Los únicos que sabemos adónde vamos a aterrizar somos Libertad y yo. Aquí yo no confío ni en mi sombra. (SILVIA *se le acerca.*)

SILVIA: Fede, qué extraña la forma en que se fue Rolando. ¿Se fue enojado?

FEDERICO: No, luego vuelve, quería ser mi co-piloto hasta el Malecón.

SILVIA: Menos mal que no le dijiste que sí. Entonces, sí, que te hubiese armado tremendo escándalo.

FEDERICO: Ay, mi vida, tú sabes que si alguien fuese a ser mi co-piloto, ése serías tú, nadie más que tú.

SILVIA: ¿Y podríamos jugar un poquito en el aire?

FEDERICO: Claro que sí.

SILVIA: ¿Y me darías besitos en el aire?

FEDERICO: Claro que sí.

SILVIA: ¿Y me apretarías en el aire?

FEDERICO: Pues, claro que sí.

SILVIA: ¿Y me . . . ?

FEDERICO: Sí, mi vida, claro que sí, sí, sí.

SILVIA: Ay, Fede, déjame volar contigo para que me hagas todas esas cosas en el aire.

FEDERICO: Mi amor. Primero yo volaré solo. Luego tú podrás volar conmigo todas las veces que sean.

SILVIA: Federico, ¿y si te pasa algo? Si pierdes el control, o Dios no lo quiera, vaya, si vas a dar a otro lugar? ¿Qué me voy a hacer yo solita sin ti?

FEDERICO: Mi vida. Adonde quiera que Libertad vaya a dar, aun fuese a otro planeta, pierde cuidado, que yo te mandaría buscar.

SILVIA: Gracias, mi amorcito. (SILVIA *y* FEDERICO *comienzan a acariciarse. En eso entra* ENRIQUITO.)

ENRIQUITO: (*Con firmeza.*) Buenas tardes.

FEDERICO: Se arregló la cosa. Buenas tardes.

ENRIQUITO: (*Observando el globo.*) ¿Cómo va ese proyecto aéreo?

FEDERICO: Bueno, ya casi está terminado.

ENRIQUITO: Este es un proyecto muy importante para el pueblo de Cuba, Federico. Ahora con la gusanera revuelta . . . Con la expulsión de los miles de escorias . . . La prensa internacional nos observa sigilosamente. Creo que tu vuelo sobre la Plaza de la Revolución mientras el presidente comandante en jefe y secretario del partido hable va a ser tremenda noticia muy positiva para nuestra Revolución. Por eso es muy importante que todo nos salga bien.

FEDERICO: Tienes mucha razón, compañero Enriquito.

ENRIQUITO: ¿Y ahora qué le estás haciendo?

FEDERICO: Estoy tratando de pintarle el nombre.

ENRIQUITO: Permíteme la brocha, compañero. Yo estudié dibujo gráfico. Además, me gradué de letrista de la famosa escuela de Artes Plásticas de Tacochovschiev en Moscú.

FEDERICO: Esa es muy buena escuela, ¿verdad?

ENRIQUITO: Buena no, excelente. Mejor que cualquier escuela capitalista del mundo. Permíteme la brocha. ¿Cuál es el nombre, me dijiste?

FEDERICO: "La Libertad".

ENRIQUITO: ¿Libertad? Libertad. Ah sí, sí, Libertad. Ese es un nombre muy significativo. La libertad que vive Cuba desde 1959. La libertad que tiene el pueblo cubano de escoger entre la milicia, el ejército, los comités de defensa, etc. Para defender la revolución. La libertad de ir a la Plaza de la Revolución a aprobar o desaprobar con sus gritos y sus aplausos lo que proponga el primer secretario, el general de las fuerzas armadas y presidente, compañero doctor Fidel Castro. ¿Eh? Patria o Muerte. (*Se cuadra.* FEDERICO *y* SILVIA *se cuadran también.*)

Apagón

ESCENA QUINTA

El escenario está oscuro. Aparece FEDERICO *parado a un costado del escenario que estará iluminado. Al pie de* FEDERICO *hay unas latas, cajas vacías, sogas, más hule y varias banderitas cubanas. Al pie de* FEDERICO*, el globo. La gente del barrio irá entrando de uno en uno. Estos personajes serán doblados por los mismos actores de la obra. Junto a* FEDERICO *hay una lata amarilla con una manguerita.*

PRIMER HOMBRE: Federico. Perdone que lo moleste. Sé que debe de estar usted bien nervioso.

FEDERICO: No es ninguna molestia, adelante.

PRIMER HOMBRE: Vi su fotografía en la revista. Ya usted es un hombre famoso, Federico. Yo tengo un saquito de viandas en la casa. Vaya, si usted necesita algunas, las podemos compartir. De todos modos, aquí le traje un cartucho con unas cuantas. Yo no sé hasta dónde volará su globo, pero por si acaso, uno nunca sabe, ¿verdad?

FEDERICO: Es cierto, compañero, uno nunca sabe.

UNA MUJER: (*Confianzuda.*) Federico, no te vayas a ofender. Esta es una frasada que me trajeron unos parientes de la comunidad del exterior. Yo no la uso, me da mucho calor. Dicen que allá bien alto, hace mucho frío. Te la regalo para que te cubras bien y no vayas a pescar un resfriado. Y por favor, Federico, fírmame esta foto suya. Vaya, por si acaso, ¿no?

FEDERICO: Caramba, muchas gracias, señora. Por si acaso.

OTRO HOMBRE: Federico, yo no he tenido el gusto de conocerlo, excepto en los periódicos. Por eso, lo conozco más o menos. Mire, compañero Federico, estos anteojos yo los conservo desde hace mucho tiempo. Quizás te puedan servir. Dicen que desde allá arriba se pueden ver muchas cosas que nosotros no vemos aquí en la tierra. Vaya, vuelas más alto de lo planeado, uno nunca sabe, ¿verdad? Ji, ji, ji, ji.

HOMBRE MANIATICO: Buenas noches, compañero hermano Federico. Ya me enteré que va a volar hasta el Malecón. (*Hace unas medidas con las manos.*) Eso es en dirección hacia el norte, según los que saben de esas cosas. Dicen que muchas veces los vientos soplan en esa dirección. Así, fuiuia, fua. Casi siempre hacia el norte. Norte, norte, norte. Yo te quiero hacer un obsequio. Ehm, uh, uh, eh. (*Le entrega un libro viejo a* FEDERICO.)

FEDERICO: ¿Un libro?

HOMBRE MANIATICO: Un libro, no, un diccionario. Eh, uh, uh. Un diccionario. De inglés a español, de español a inglés, de inglés a ruso, de ruso a inglés, de español a ruso y los tres ligados. Bueno, bueno es, bueno . . .

FEDERICO: ¿Para qué yo voy a necesitar un diccionario de idiomas?

HOMBRE MANIATICO: Tú vas hacia el norte. Dirección norte, ¿es o no es? (FEDERICO *asierta.*) Imagínate que por un mal cálculo, vaya, por accidente . . . Como quien no quiere la cosa, eh, eh, eh . . . va y se pasa del Malecón. El globo se pasa del Malecón, ¿entiendes? Caes en el mar. Un guardacostas de los yanquis, ji, ji, ji, te recoge. Entonces le puedes decir en inglés que estás perdido, perdido, perdido. ¿Te la llevas? Decírselo en inglés. You know, my friend? Me lost. You know, you know, lost, lost, lost.

FEDERICO: Ah, ah, ya veo. Muchas gracias, ¿y el ruso?

HOMBRE MANIATICO: El ruso por si te encuentras con un barco ruso, le puedes decir que se quiten del medio, que vas, que jodes hacia el norte. Eh, eh, he, tovarich, tovarich, tovarich. Lost, lost, lost . . . (*El* HOMBRE MANIATICO *sale hablando solo.*)

FEDERICO: (*Le grita.*) ¿Cuál es su nombre, compañero?

HOMBRE MANIATICO: (*Desde afuera y gritando.*) My name is Bartolo, you know, lost, lost, lost. (*Desaparece la voz. El escenario se ilumina un poquito más. Se escucha una música romántica. Entra* SILVIA.)

SILVIA: Hola, Fede . . .

FEDERICO: ¿Eres tú, mi amor?

SILVIA: ¿Soy importuna?

FEDERICO: Nunca lo has sido, ni lo serás.

SILVIA: Ha venido mucha gente a saludarte. Muchos regalos.

FEDERICO: No esperaba esto.

SILVIA: Tu fotografía ha salido en el *Granma*, en *Bohemia*, en *Verde Olivo* y hasta en *Cuba Internacional*.

FEDERICO: Ya lo sé.

SILVIA: Eres muy popular. Eres grande.

FEDERICO: Popular, tal vez. Grande no.

SILVIA: Mañana vas a ser más grande aún. Qué pronto has crecido, Federico.

FEDERICO: Mañana voy a estar bien alto. Mientras más suba, más te recordaré. Cada segundo, cada minuto. Siempre estarás en mi mente.

SILVIA: Tengo miedo, Federico. Tengo miedo que te pase algo. Tuve un sueño bien extraño.

FEDERICO: Mi vida. Tú siempre tienes sueños extraños. No me pasará nada.

SILVIA: ¿Y si no aterrizas en el Malecón?

FEDERICO: En algún lugar tendré que aterrizar. Recuérdate de la ley de la gravedad. Todo lo que sube tiene que bajar . . . (*En broma.*) Desafortunadamente.

SILVIA: ¿Y si nunca baja?

FEDERICO: (*Piensa.*) No he pensado en eso. Si eso sucediera, pues, te mando a buscar. (*En broma.*)

SILVIA: Fede, acuérdate que yo soy tuya, solamente tuya.

FEDERICO: Yo también, mi vida. Tuyo, solamente tuyo.

SILVIA: Sí, mía. ¿Y del globo?

FEDERICO: ¿Del globo? Solamente por un día.

SILVIA: Bueno, mi amor. Mejor es que me vaya ya. Debes de estar cansado. Tienes que descansar para mañana.

FEDERICO: (*La besa.*) Gracias, Silvia.

SILVIA: ¿Gracias, por qué, mi amor?

FEDERICO: Gracias por ser como tú eres, por tu amor, por tu entendimiento, por tu paciencia, por tu colaboración. Gracias por quererme. (*Se besan.*)

SILVIA: Hasta mañana, mi amor. (SILVIA *sale.* FEDERICO *camina hasta el globo. Lo observa, lo toca. Comienza a hablarle al público.*)

FEDERICO: Me da mucha pena con Silvia. Yo la quiero de verdad. El problema es que en este sistema uno no puede confiar ni en su propia sombra. No es que yo no confíe en Silvia. Pero, como dice el refrán, "las paredes tienen oídos". Todos se piensan que yo voy a aterrizar en el Malecón. Ustedes han sido testigos de todo esto hasta el momento. ¿Y ustedes, qué creen? ¿Ustedes piensan que yo voy a aterrizar en el Malecón? (*Se echa a reír.*)

Apagón. (*Menos la lata fosforescente que queda iluminada por unos segundos.*)

ESCENA SEXTA

En el fondo se ve el globo ya armado. Se escucha música, gritos de gentes. Muchas banderitas y luces. Algunos comienzan a mandar a callar. Se va haciendo el silencio. Aparece ENRIQUITO. *Se sube en un cajón para hablarle al público.*

ENRIQUITO: Compañeros del comité central. Compañeros de los comités de defensa de la Revolución. Compañeros del poder popular. Compañeros y compañeras. Compañeros todos, hoy es un día doblemente importante. (*La gente grita y aplaude.*) Muy importante para la Revolución. Doblemente importante, sí, doblemente importante. ¿Por qué es muy doblemente importante?

VOZ DEL PUBLICO: Termina de hablar, mi socio, que hace mucho sol.

ENRIQUITO: Doblemente importante. Primero, porque celebramos como todos los años un aniversario más del 26 de julio. Segundo, porque ahora la Revolución no solamente contará con un cosmonauta cubano, sino que también contartá con un piloto muy original. (*Aplausos.*) Alguien que se ha sacrificado por seis meses, día tras día, por seis meses, minuto tras minuto, por seis meses consecutivos para fabricar su propio vehículo volador. Un globo, compañeros y compañeras. (*Aplausos.*) Un globo. Sí, un globo. Un globo bautizado con el simbólico nombre revolucionario, La Libertad. (*Silencio absoluto. Solamente uno aplaude.*) He aquí un hombre del verdadero proletariado. Un verdadero obrero ejemplar. Un verdadero hombre humilde. Un compañero que dentro de unos instantes hará historia. Me refiero, compañeros y compañeras, al compañero ejemplar, Federico Asunción de la Tierra. (*Se escuchan muchas voces repitiendo ''Federico, Federico, Federico''. Se oscurece el lado de* ENRIQUITO *y se ilumina el otro lateral. Se ve a* FEDERICO *caminando con todos los paquetes hacia el globo.* SILVIA *lo sigue. Varias personas van detrás cantando ''Federico, Federico''. En el otro lateral aparece un locutor narrando el despegue de* FEDERICO *en el globo.*)

LOCUTOR: Sin elementos, sin aliciente, siquiera, de una recompensa, sin más estímulo que el aplauso y la gloria de realizar una gran aventura, esos aeronautas de afición dejaron bien puesto el pabellón cubano, o mejor dicho, el nombre cubano, porque en aquellos tiempos aún no teníamos bandera, como que Cuba era una colonia sometida ya a la dictadura de Vives. Hallábase engalanada la plaza con banderas y ricas colgaduras y la iluminación consistía en multitud de farolitos de colores. El globo, empujado por el viento, se alejó con rapidez y ya a gran distancia de la tierra arrojó al espacio palomas, flores, versos y por último ¡dos cuadrúpedos en un paracaídas! La historia no dice de qué clase eran los cuadrúpedos; pero se nos antoja creer que eran chivos. Un poco más tarde el pueblo habanero se agolpaba allí mismo para presenciar la ascención de Matías Pérez. Era éste piloto portugués; pero hay muchos motivos para creer que estaba ya bastante aplatanado y había constituido familia en esta ciudad donde no sabemos si tendrá aún descendientes. Matías Pérez hizo también su globo y, lleno de valentía, no engañó al público anunciando ascensiones sin realizarlas con el achaque del viento reinante. Dicho y hecho, subió y fue a descender a Filtros de Husillo. Unos días después, el 28 de junio de 1856, volvió a ascender en su globo, la Villa de París, y tan completa, tan magna y tan sobresaliente fue su ascención que aún estamos esperando el regreso de Matías Pérez. Consta que se hizo una minuciosa investigación por mar y tierra para dar con el audaz aeronauta o con su cadáver; pero todas las diligencias resultaron infructuosas. Años después, cuéntase que en unos cayos próximos fueron hallados restos de un globo. ¿Sería el Villa de París? ¡Quién lo sabe! Del intrépido aeronauta no ha quedado entre nosotros más que un desvanecido recuerdo y el famoso dicho, refiriéndose al que se fue, "Voló como Matías Pérez". Ja, ja, ja, ja. Pero ésta no es la ocasión de hoy. Hoy se trata de Federico Asunción de la Tierra. Otro valiente cubano, que ya lo tiene todo calculado. Volará desde este punto hasta el Malecón habanero. El vuelo le tomará aproximadamente unas tres horas. Y dentro de dos horas exactamente, Federico estará volando sobre la Plaza de la Revolución, enviándole un saludo, desde lo alto, al comandante en jefe, Sr. Presidente. El vuelo de Federico Asunción de la Tierra no será como el de Matías Pérez. Todo es emoción, todo es música y color. Ya señores y señoras . . . (*Se ve a* FEDERICO *despidiéndose de todos.* SILVIA *lo abraza y se besan.* SILVIA *le da la lata amarilla fosforescente,* FEDERICO *la mete en la base del globo.*) Ya está listo Federico. Ya está listo su globo de La Libertad. A la una, (*Todos cuentan con el.*) a las dos y a las tres. Allá va Federico Asunción de la Tierra montado en La Libertad. (*Se oscurece el escenario en la parte del globo. El locutor cruza hacia el lateral izquierdo.* SILVIA *camina hacia el lateral derecho. Se ilumina el lateral derecho solamente.* SILVIA *tiene un pañuelito blanco en su mano. Le dice adiós a* FEDERICO *ya en el aire. Se seca las lágrimas. Vuelve a decirle adiós y se sopla la nariz bien fuerte. Se escucha el tema musical.*)

Apagón e intermedio

Durante el intermedio se escuchará la voz del locutor leyendo a ''Matías Pérez el que voló'' del libro de Alvaro de la Iglesia, Tradiciones cubanas.

ACTO SEGUNDO
ESCENA PRIMERA

Todo el escenario oscuro. En uno de los laterales aparece un locutor iluminado por un spot. Se dirige al público como si éste fuese una cámara de televisión.

LOCUTOR: Como ya les habíamos informado, Federico Asunción de la Tierra no aparece por ningún lado. Hoy apareció la siguiente información en el órgano oficial del partido. La información lee así: "El periódico yanqui, *The Miami Herald*, informa en una de sus secciones sensacionalistas que radares espías norteamericanos, como los que usan para espiarnos a nosotros, habían detectado un supuesto ovni, o sea un objeto volador sin identificar. Este OVNI volaba lentamente en dirección norte, pero más adelante, la señal desapareció de sus radares. Hasta el momento, estimados amigos compañeros televidentes, ésta es la única noticia que tenemos acerca de Federico Asunción de la Tierra y su globo La Libertad. (*Cambia de papeles.*) Hoy el Presidente de la República, Secretario General y Comandante en Jefe de las fuerzas armadas revolucionarias, Sr. Fidel Castro, entregó certificados de mérito a los agricultores ejemplares que cultivaron las lechugas más grandes de la isla. También los de las zanahorias y las remolachas adquirieron galardones y los de las calabazas también. (*La voz del locutor va desapareciendo a la vez que las luces van bajando. El escenario totalmente oscuro. Se comienza a ver luces espaciales que cruzan el escenario de lado a lado y hacia el público. Se escuchan sonidos ''espaciales''. El escenario se comienza a iluminar.* FEDERICO *va apareciendo montado en la base del globo.* FEDERICO *tiene una especie de frazada sobre su cuerpo. Al pie de él se ve la lata amarilla que ya ha aparecido varias veces a través de la obra. Se ve a* FEDERICO *luchando en contra del viento. Se escucha la voz de él grabada como si fuese lo que el estaría pensando.*

VOZ DE FEDERICO CON ECO: ¿Hacia dónde me llevas, Libertad? Yo quería irme, pero no tan lejos. ¿Hacia dónde vamos, Libertad? Me estás llevando muy arriba. Yo quería subir, pero no tan alto. Estamos altos, muy altos. Es increíble, Libertad, nadie nunca me lo creería que hemos logrado volar tan alto, tan lejos. ¿Hacia dónde me llevas, Libertad? No siento miedo. ¿Estaré vivo? ¿Acaso estoy muerto? Los rusos y los americanos se han gastado miles de millones de dólares para poder subir tan alto. Y nosotros sin nada nos hemos empinado como cometas sin rumbo. Esto es bello, esto es grande, esto es increíble. (*Se siente un fuerte sonido de algo que le pasa por encima. La base se estremece*, FEDERICO *se tira al piso*.) Coñoooo, ¿qué fue eso? ¿Qué es lo que está pasando, Libertad? Libertad, estás temblando. Cuidado, Libertad. ¿Qué sucede, eh? Estamos yendo más rápido. Suave, Libertad, no hay apuro. Siento presión en la cara. Demasiado rápido. Siento frío, mucho frío. ¿Hacia dónde vamos, Libertad? ¿Hacia dónde? Dios mío, que no caigamos en Cuba otra vez. (*Los sonidos se hacen más intensos y altos*.) Ahora la tierra se ve más chiquitica. Libertad, estás yendo muy rápido. Ahora vas que jode. Mira, cuidado con aquella roca. (*Sonido de aerolito*.) Dios mío, ayudanos (*La lata se ilumina*. FEDERICO *se la pone en la cabeza*.) Yo se lo dije a Silvia que volaríamos bien alto. Pero nunca pensé que sería tan alto. Aquello es la luna, así mismo lucía en la televisión y en los libros. Nos estamos acercando a la luna. Oh no, uh, suave, suave, para allá no, Libertad. (*Trata de desviar el globo*.) Suave, que nos estamos acercando más y más. Muy rápido. Suave, coño. Cuidado, Libertad. Cuidado. (*Gritando*.) ¡Aaaaayyyyyy! (*Se eschuchan los sonidos más fuertes. Se escucha el sonido del globo estrellándose contra la luna. Se hacen varios efectos de sonidos y de luz*. FEDERICO *rueda por el piso [La luna]. Cae al frente del escenario. Se levanta medio mareado, tratando de caminar tambaleándose, pero antes de caer de nuevo, habla*.) Estamos en la luna, en la luna, Libertad. (*Gritando*.) ¡Qué viva la Libertad!

Apagón

ESCENA SEGUNDA

La escenografía simulará la luna, utilizándose un mural con la fotografía de la tierra en el fondo. La iluminación jugará un papel importante. FEDERICO *está acostado al pie del globo, ya destruido. Al pie de* FEDERICO *se ve la lata amarilla.* FEDERICO *se incorpora y comienza a caminar. Al alejarse de la lata amarilla se da cuenta que no puede respirar muy bien. Al cabo de varios segundos descubre que solamente estando al pie de la lata amarilla, él puede respirar normalmente.*)

FEDERICO: Qué cosa más rara. Al pie de la lata esta puedo respirar bien. Mira que me lo advirtieron: "Federico, ten cuidado, no vaya a ser que vueles muy alto". Yo de cabeza dura no les hice caso. Esto tiene que ser la luna. Igualita que en las revistas. Tanto que se habla de la luna y, total, esto es un desierto. Ni siquiera una matica de guayabas. Menos mal que yo vine preparado, eh, por si las moscas. Déjame empezar a preparar las cosas para ver si arreglo a la Libertad de nuevo. (FEDERICO *comienza a sacar las cosas de una caja.*) ¿Qué me habrá metido Silvia en esta caja? Seis boniatos, cuatro papas, dos mazorcas de maíz. Ya puedo hacer un ajiaco. Un poco de ron para calentarme. Una barra de pan, está más duro que una piedra. Agua. Una latica de sardinas, azúcar, café. Turroncitos de coco, esto sí que está bueno. Una banderita cubana. Una foto de Silvia. (*La besa.*) Y un pedazo de bacalao, fo, qué peste. (*Se comienza a escuchar un sonido de un cohete que se acerca. La parte izquierda del escenario se ilumina. Comienza a salir humo.* FEDERICO *recoge todo y empuja la base del globo hacia atrás de una enorme roca. Se esconde.*) ¿Qué será eso? Es un avión, es un pájaro, un cohete. Superman no puede ser. ¿Habrán mandado un cohete a rescatarme? (*El humo comienza a desaparecer. Aparece en ese costado del escenario una parte de un cohete con dos banderitas pintadas, una americana y una rusa. De la nave se bajan un astronauta norteamericano y un cosmonauta so-*

viético. Ambos están conectados por una manguerita y un cordel. Hacen un reconocimiento por la luna. Se escuchan sonidos de los radios de ellos. El ruso comienza a caminar hacia la izquierda y el americano hacia la derecha. Al estirarse el cordel ambos casi caen al piso. El ruso saca una bandera y la trata de poner en un asta, el americano saca una más grande. Comienzan a discutir con mímicas y sonidos de radios acerca del tamaño de las banderas. Finalmente el americano saca una más pequeña. Las miden y las cuelgan del asta. Se dan las manos. Comienzan a tomarse fotografías en frente de las banderas. El americano pisa un boniato en el suelo. Lo recoge y el ruso trata de quitárselo. Luchan por el boniato. Se escucha la voz de FEDERICO.)

VOZ DE FEDERICO: Tal parece que nunca han visto un boniato. (*El ruso le toma una foto al americano y viceversa. Ambos con el boniato en la mano. Luego, muy cuidadosamente, transportan el boniato hacia la nave.* FEDERICO *sale de detrás de la roca.*)

FEDERICO: Yo no lo puedo creer. Un americano y un ruso, juntos. Por ahí regresan. (*Se vuelve a esconder detrás de la roca, se le cae un pedacito de tela. El ruso y el americano regresan. Ven el pedazo de tela y se lanzan. Luchan por la misma hasta partirla en dos. Miran hacia sus alrededores, sospechosamente. Se retratan y salen corriendo hacia la nave asustados.* FEDERICO *vuelve a salir de atrás de la roca.*)

FEDERICO: Los dos están chiflados. Voy a tener que llamarlos. A ver si me ayudan a arreglar mi globo. (*Vuelve a meterse detrás de la roca. El ruso y el americano salen de la nave sigilosamente. Usan unos aparatos electrónicos para reconocer a sus alrededores. Luego de reconocer todo el escenario, se detienen en frente de la roca.* FEDERICO *aparece saliendo de atrás de la roca.*)

FEDERICO: ¿Y qué, mis socios? (*El ruso y el americano se dan tremendo susto. Ambos se mandan a correr hacia la nave. El ruso cae al suelo y el americano lo arrastra con el cordel que los une a los dos.*) Eh, eh. Los dos están locos. ¡Qué queme! Si ellos se creen que yo voy a ir a donde ellos están, están muy equivocados. Aquí me planto. Si ellos quieren hablar conmigo, que vengan ellos. Además, ésta es la luna: territorio libre del universo. (*Se ilumina la parte del cohete. Se ven al ruso y al americano por las ventanitas comunicándose con la tierra.*)

ASTRONAUTA: (*Con acento inglés.*) Misión de la amistad. Llamando tierra, llamando tierra. Hemos visto a un celenista. Repito, hemos visto a un celenista. Se lo juro por mi madre.

VOZ DE LA TIERRA: ¿Cómo luce?

ASTRONAUTA: No lo hemos podido ver muy bien, ya que trató de atacarnos. Necesito saber qué debemos de hacer con él. Over.

COSMONAUTA: (*Con acento ruso.*) Tovarich. Nanisky, ganafskouwsy, junisky, anick, gadich. Repito, hemos visto a un ser viviente. Necesito instrucciones. ¿Qué debo hacer? ¿Lo ejecuto?

VOZ DE RUSIA: (*Con acento ruso.*) Esta es la Base Stalin. Llamando desde la Union de Países Socialistas Soviéticos. Contestando, contestando. En primer lugar, hacer contacto con ese camarada celenista. Segundo lugar, mostrarle una foto de Lenin y una de Marx. Y sin que el camarada yanqui se dé cuenta. Averigua si el camarada celenista habla ruso. (*Los dos bajan de la nave. Comienzan a llamar a* FEDERICO *como si este fuese un perrito. El ruso tiene una foto de Marx y Lenin. El americano tiene un billete gigante con la foto de Lincoln.* FEDERICO *se asoma medio asustado.* FEDERICO *les habla, pero no se le entiende nada debido a una manguerita que sostiene en la boca.*)

FEDERICO: Oigan, no tengan miedo, que yo estoy temblando. Yo vine montado en un globo. Viajé directo de Cuba a la luna. Qué les parece, en un globo. Simplemente un cubiche en la luna. (FEDERICO *camina hacia el ruso y el americano.*)

ASTRONAUTA: Don't you get any closer. Tierra, tierra. El ser viviente está sólo seis pies de nosotros. He stinks like codfish. Mucha peste de bacalao.

FEDERICO: Si ustedes quieren, pueden respirar sin esos aparatos en la cabeza. Miren a mí. Sólo con tener esta lata, que no se de dónde diablos salió, eso es todo.

COSMONAUTA: Tierra, tierra. El celenista está haciendo extraños ruidos con la boca. Quiere comunicarse con nosotros.

VOZ DE TIERRA: Averigüen qué idioma habla.

FEDERICO: Eh, amigos, yo solamente quiero que me ayuden a reconstruir a Libertad. Así les puedo dejar la luna para ustedes. De regreso a la tierra me gustaría pasar por Marte o Venus. Vaya, si es posible, ¿no? (*El americano saca un mapa del universo astral y se lo muestra a* FEDERICO. *Le señala el mundo. Le hace una línea desde la tierra hasta la luna.* FEDERICO *le hace la misma a la luna y le escribe el nombre de Cuba. Ambos astronautas se miran asombrados.*)

COSMONAUTA: ¿Cuba?

ASTRONAUTA: ¿Cuba?

COSMONAUTA: ¿Cuba?

FEDERICO: Cuba, sí, Cuba. Miren, yo cogí el globo aquí, ¿ven? Volé y volé muy alto. Vi estrellas y luces extrañas. La tierra se fue poniendo chiquitica. Y de repente, catapún, pan-pún. Chocamos contra la luna. Qué fenómeno ¿verdad? Esta es la historia de mi viaje a la luna. Y ustedes, cuéntenme, cómo llegaron hasta aquí. (*El ruso y el americano se han quedado boquiabiertos.* FEDERICO *se quita todos los trapos que tiene encima. Le ven la ropa, se la tocan, lo reconocen, le pasan los aparatos electrónicos por el cuerpo haciéndole cosquillas.*)

ASTRONAUTA: Cuba, you said? Do you speak English?

FEDERICO: ¿Inglis, no no inglis, digo, inglis, inglis no. Por ahora no, pero cuando vaya a Estados Unidos, entonces, sí inglis. Ahora solamente español. (*El ruso se le acerca.*)

VOZ DE LA TIERRA: Eso es imposible. ¿Como un celenista va a hablar español?

ASTRONAUTA: Eso no me extraña nada. ¿Acaso los que descubrieron América no hablaban también español? Over. (*El americano se da cuenta que el ruso está hablando con* FEDERICO *a solas. En seguida se les acerca. El ruso disimula. El americano le echa el brazo por encima a* FEDERICO. *El ruso se les aparta y llama a la tierra.*)

COSMONAUTA: Llamando al Kremlin, Base Stalin. Hola. Tovarich, ustedes no adivinan lo que yo he averiguado.

VOZ DE RUSIA: ¿Qué has averiguado, camarada Petrovich?

COSMONAUTA: No, no. Así no. Tienen que adivinarlo. Va que no lo adivinan.

VOZ DE RUSIA: Decirlo, decirlo, Petrovich. ¿Qué has averiguado?

COSMONAUTA: Ah, ¿entonces se dan por vencidos?

VOZ DE RUSIA: Maldito seas. Sí, nos damos por vencidos, estúpido. Acaba de decirnos qué has averiguado.

COSMONAUTA: Está bien, está bien. El ser que hemos encontrado aquí en la luna no es un celenista.

VOZ DE RUSIA: No. Entonces ¿qué es, un marciano?

COSMONAUTA: Negativiche, tovarich.

VOZ DE RUSIA: Un extraterrestre de Venus, de Saturno, del sol. ¿De adónde diablos es?

COSMONAUTA: Sujétense. El hombriche es cubiche.

VOZ DE RUSIA: ¿Cu, cu, cubiche? ¿Estás seguro, Petroviche? ¿Un cubiche en la luna?

COSMONAUTA: Claro que estoy seguriche. El hombriche es un cubiche.

VOZ DE RUSIA: ¿Y dónde está ese cubiche ahora?

COSMONAUTA: ¿En este momentiche?

VOZ DE RUSIA: Sí, sí, en este momentiche.

COSMONAUTA: Está hablando con el americaniche.

VOZ DE RUSIA: ¿Pero tú estás loco, Petroviche? ¿Cómo vas a dejar al cubiche solo hablando con ése?

COSMONAUTA: No hay problema, tovariche. De aquí ellos no se pueden mover sin mí. (*Se toca el cordel que lo une al astronauta.*)

VOZ DE RUSIA: No le pierdas ni pie de pisada. Recuerda que los americanos son vivos.

COSMONAUTA: Muy bien, camaradas. Ya le pueden dar la noticia al mundo. Un cosmonauta soviético acaba de descubrir a un ser viviente en la luna. Nada menos que a un cubiche en la luna.

VOZ DE RUSIA: Eso va a ser un poquito difícil de creer. Ya a nosotros no nos creen ni las verdades. (*Mientras el* COSMONAUTA *continúa hablando con Rusia, se escucha al* ASTRONAUTA *hablando con* FEDERICO.)

ASTRONAUTA: Tú venir con nosotros a América y haremos en

Hollywood una gran película acerca de tu vida. Te pasearemos por la quinta avenida de Nueva York. Serás el hombre más famoso del mundo.

FEDERICO: Gracias, muchas gracias. (*El* COSMONAUTA *se les acerca.*)

COSMONAUTA: Cubiche, cubiche.

FEDERICO: Mi nombre es Federico.

COSMONAUTA: Tovarich, Federico. No le pongas atención a las promesas del camarada yanqui. Recuérdate del lema revolucionario, "yanquis go home". Oye, echa para acá. Yo te prometo que si tú bajas conmigo a la tierra, en Rusia te daremos el premio Lenin de la Paz. Haremos un grandioso desfile en la Plaza Roja de Moscú. El próximo año lo declararemos como el Año del Cubiche en la Luna. Serás el hombre más honrado de todos los países socialistas. ¿Qué te parece, tovariche?

FEDERICO: Mire, señor, soviético. Ni yo soy su tovariche, ni la cabeza de un guanajo. Yo no creo en las promesas yanquis, pero mucho menos creo en las promesas suyas. Ustedes son los más farsantes del mundo. ¿Usted se cree que después de lo que yo he pasado en Cuba voy a regresar nada menos que a Rusia? No seas bobo, mi socio. Bórrate eso de tu mente, ya, ahora mismo. (*El soviético le hace una señal al* ASTRONAUTA. *Se separan de* FEDERICO.)

COSMONAUTA: Hay que convencerlo para que se monte en la nave. Hay que persuadirlo de algún modo. Si no, tendremos que usar la fuerza.

ASTRONAUTA: La fuerza no, no, no. Hay que dejar que él mismo decida democráticamente.

COSMONAUTA: Tú, trátalo democráticamente. Que yo lo trataré totalitariamente. (*Coge un bate en la mano.* EL COSMONAUTA *avanza hacia* FEDERICO. *El* ASTRONAUTA *lo aguanta por un brazo.*)

ASTRONAUTA: Espérate un momento. Vamos a aclarar una cosa. Si logramos meterlo en la nave, ¿adónde vamos a aterrizar con él?

COSMONAUTA: Eso no es problema. Ya en Rusia nos esperan con los brazos abiertos, en la Plaza Roja.

ASTRONAUTA: Pues, dile que cierren los brazos, porque primero aterrizaremos en los Estados Unidos. Nos harán un recibimiento más grande que el de los rehenes que tenían en Irán.

COSMONAUTA: Tiremos una moneda al aire.

ASTRONAUTA: Okay. ¿Cara o Aguila?

COSMONAUTA: Un momento. Déjame ver la moneda. Uds. son muy peligrosos con cuestiones de monedas. (*La revisa.*) Y le voy a la cara. (*Lanza la moneda. Ambos se quedan mirando hacia arriba al ver que la moneda no regresa.*)

ASTRONAUTA: Qué bruto eres. Se fue con la gravedad. Tengo una idea. El dice que es cubano, right?

COSMONAUTA: Cubiche, sí.

ASTRONAUTA: Que nos comuniquen con Cuba. Quizás si le hablan desde Cuba, eso le produzca nostalgia. Los cubanos son muy nostálgicos. Siempre están recordando a Cuba.

COSMONAUTA: Me parece una magnífica idea. A veces ustedes son muy brillantes. Llamemos ahora mismo.

ASTRONAUTA: (*En el teléfono.*) Hello. Operator? Yes, yes. This is a collect call to Cuba from the moon. Person to person with Mr. Castro. (*El soviético le quita el teléfono.*)

COSMONAUTA: No podemos perder tiempo. Petroviche llamando a Moscú. Oigo, oigo. Sí, sí. Nachosky miaskit, shutinik, naneske a Cubak. (*Al americano.*) Nosotros tenemos línea directa para darle las órdenes a Castro. Hola, sí.

ASTRONAUTA: (*Coge el teléfono.*) Mr. Castro, le habla Johnny el astronauta, le estoy llamando desde la luna. Como ya usted estará informado, aquí tenemos a Federico. Quizás si usted le habla, lo pueda convencer para que se monte en la nave y baje con nosotros. (*Aparece Castro en el lateral derecho iluminado por un spot. También se puede utilizar la voz de él solamente.*)

CASTRO: Federico, ¿tú me escuchas? Por acá nos sentimos muy contentos y orgullosos de que un cubano haya llegado a la luna. Y nada menos que en un globo. Eres un bravo, Federico. Oye, Federico, te voy a decir un secreto revolucionario. Si regresas a Cuba, vas a ser el hombre más importante de la Revolución, después de mí. Nombraremos un central azucarero con tu nombre. Y haré que la Casa de las Américas edite un libro con tu biografía. Haz lo que el camarada soviético te diga. Recuérdate que nuestros hermanos soviéticos siempre nos han mostrado el buen camino. Te felicito, compañero. En el nombre de todos los comités de defensa, en el nombre del Comité Central, en el nombre del poder popular, y en el nombre de todas las fuerzas, en el de Raulito, los otros compañeros del partido y en el nombre mío propio, felicidades, Federico. Patria o muerte, venceremos. (FEDERICO *coge el teléfono. El americano y el ruso se hacen señas contentas.* FEDERICO *los observa. Observa hacia el público. Mira el teléfono. Levanta una pierna y suena una trompetilla.*)

Apagón

ESCENA TERCERA

En el lado derecho aparece FEDERICO *calentando unas cosas en una lata. En el lado izquierdo se ven al astronauta y el cosmonauta através de la ventana de la nave, conversando con la tierra.*

ASTRONAUTA: Ya se lo he explicado mil veces. El puede respirar perfectamente con una lata que siempre tiene a su lado. Y, sí, es cierto que él ha llegado hasta aquí en un globo, que según él, él mismo había construido para huir de Cuba.

COSMONAUTA: Lo he estado observando por tres días consecutivos. Se alimenta con unas cosas raras de ésas que comen los cubanos.

ASTRONAUTA: Esto hay que verlo para creerlo. Increíble, pero cierto. (*Se escucha la voz de la tierra.*)

VOZ DE LA TIERRA: Esta es la tierra comunicándose con la misión Ra, ra, ra Unidad No Más. Ra-ra-ra Unidad No Más. Escuchen bien. Hemos llegado a un acuerdo entre Washington y Moscú. Prosigan con el plan tres. Traigan a Federico para la tierra, vivo o muerto. Ra-ra-ra unidad no más. Over out. (*El americano y el ruso bajan de la nave. Se dan las manos y comienzan a caminar en cuclillas.* FEDERICO *los ve de reojo y los ignora. Ellos disimulan.*)

FEDERICO: ¿Y qué? ¿Tienen frío, o están practicando ballet?

COSMONAUTA: Federico, tovariche. Tienes que venir con nosotros para la tierra. Ya no podemos perder ni un minuto más.

ASTRONAUTA: Sí, sí, Federico. My friend. Tienes que venir con nosotros. Es una orden de la tierra.

FEDERICO: Miren, mejor me ayudan a reconstruir mi globo y así se evitan tener que cargar conmigo. Yo prefiero regresar solo en la Libertad.

ASTRONAUTA: Basta ya de perder el tiempo. Tienes que montarte en la nave, sea como sea.

COSMONAUTA: Vivo o muerto, tovariche Federico.

FEDERICO: (*Se para.*) Miren, señores, yo no quiero regresar a la tierra con ninguno de ustedes dos. Yo prefiero irme en mi globo. Así de paso puedo parar en Marte, en Mercurio o en Venus. Además, ustedes no me caen muy bien, que digamos. (*El astronauta y el cosmonauta le tiran el cordón a* FEDERICO *y dan vuelta alrededor de él hasta amarrarlo.* FEDERICO *lucha por zafarse. De pronto se siente un ruido espacial. Se ilumina todo el escenario con luces de multicolor. Los tres se quedan asombrados mirando hacia arriba. Un fuerte spot los ilumina a los tres. Se siente un sonido muy fuerte. Un sonido muy extraño de una nave extraterrestre. Sale humo y del humo se ve una figura apareciendo. Es un extraterrestre vestido con un traje muy brillante. Se les acerca a los tres.*

EXTRATERRESTRE: Hola, no se asusten. Somos del planeta de la paz, un planeta totalmente desconocido por ustedes. Hemos hecho miles de visitas a la tierra. Ustedes no están listos aún para comprender la realidad del universo. Somos iguales que ustedes. Respiramos, tomamos agua, tenemos sangre, tenemos corazón y cerebro. Tenemos todo lo que Dios le ha dado a ustedes. Lo que no tenemos es la codicia que existe entre los humanos. Hace mucho que superamos el silvestre y bárbaro estado de los hombres primitivos. La violencia, las ambiciones, los robos, las muertes, han retardado mucho el adelanto de la civilización con ustedes. Nosotros hace mucho que superamos el espíritu de invasión que ustedes han disfrazado de mil semblantes diversos, pero siempre han movido en la misma dirección y por los mismos muelles han atormentado a todas sus naciones. Sus guerras absurdas por la sucesión o la división del poder han hecho padecer a sus pueblos los desórdenes y los estragos de las guerras. El espíritu de egoísmo que continuamente divide a los humanos ha sido el creador de sus tiranos, sembrando rencillas y enemistades, prometiéndole al pobre los bienes del rico, al rico la libertad del pobre, echando a pelear una clase contra otra. Basados en esas discordias de sus pueblos, los tiranos de la tierra han sido y serán el peor fracaso de su sociedad. Ustedes han creado religiones, han creado doctrinas, han creado mitos y mentiras, alejándose cada día más de la verdad natural, la verdad de Dios. En nuestro planeta no existe el odio, sino el amor. No hay seres humanos blancos o seres negros, sino hay seres humanos. Nuestros adelantos jamás han sido utilizados para destruirnos, sino para construirnos y mejorarnos más y más. Federico, a ti te hemos estado observando desde hace mucho tiempo. Tú no te habrás dado cuenta, pero esa lata que siempre ha estado a tu lado, te la pusimos nosotros en la tierra para facilitarte tu viaje hasta la luna. En cierto modo te hemos guiado hasta aquí. Desafortunadamente, estás en muy mala compañía. Federico, te ofrecemos la hospitalidad de nuestro planeta. Allí no te haremos grandes desfiles, ni te daremos medallas. Pero te garantizamos la paz, la felicidad y la tranquilidad por el resto de tu vida. Tú escoges.

FEDERICO: Mire, señor extraterrestre, me gustaría irme con ustedes, pero mi felicidad está en la tierra. Allá dejé a mi novia Silvia. Yo le prometí que nos volveríamos a encontrar. Además, yo quiero ayudar a liberar a mi patria.

EXTRATERRESTRE: Tu patria será libre, Federico. Ustedes los de la tierra tienen un bonito refrán muy verdadero: "El que a hierro mata, a hierro muere", y el tirano de ustedes no será una excepción. Sobre tu novia Silvia eso no es problema. (EL EXTRATERRESTRE *hace una señal hacia la nave E.T. Se siente un sonido con humo y aparece* SILVIA *con rolos en la cabeza, un delantal y una lata igual a la de* FEDERICO *en la mano.*)

FEDERICO: Silvia, ¿qué tú haces aquí en la luna?

SIVLIA: (*Abraza a* FEDERICO.) Yo estaba tendiendo ropas en el patio. De repente sentí unos escalofríos muy extraños. Miré hacia arriba y vi esa tremenda cosa extraña flotando en el aire. Me desmayé y cuando desperté estaba sentada viajando por el espacio. El señor extraterrestre me calmó los nervios y explicó que me iba a reunir contigo. Y aquí estoy, mi amor. (FEDERICO *se quita el cordón del* ASTRONAUTA *y* EL COSMONAUTA, *los cuales se han quedado boquiabiertos.*)

EXTRATERRESTRE: Amigo Federico, ahora tienes que decidir. ¿Vienes con nosotros o regresas con ellos a la tierra?

COSMONAUTA: Federico, tú tienes que venir con nosotros.

ASTRONAUTA: Eso es un secuestro condenado por la constitución de mi país. Ven con nosotros, Federico.

FEDERICO: Yo con ustedes no voy a ningún lado. Goodbye, my friend, adiós, tovarich. (SILVIA *y* FEDERICO *le dan la mano al* EXTRATERRESTRE *y se van hacia la nave E.T.*)

COSMONAUTA: (*Gritando.*) Federico, te ordeno que regreses.

ASTRONAUTA: Come back, Federico, come back! (EL EXTRATERRESTRE *camina junto a* FEDERICO *y* SILVIA. *Se dirigen hacia la nave E.T.* EL COSMONAUTA *le entrega una bandera rusa y* EL ASTRONAUTA *una bandera americana.* EL EXTRATERRESTRE *las deja caer.* FEDERICO *saca una banderita cubana y la va a dejar caer.* EL EXTRATERRESTRE *señala que puede quedarse con ella.* FEDERICO *se la guarda en el bolsillo.* EL EXTRATERRESTRE *saca una banderita blanca y se la entrega al* COSMONAUTA *y al* ASTRONAUTA. *Los tres se desaparecen entre el humo. Se siente un sonido espacial. Las luces se van apagando.*

Fin

No son todos los que están . . .

(Comedia absurda en dos actos cortos)

Dedicada al inolvidable Juan Granda (Loco Dos). Tal vez esté sentado mirándonos en algún lugar del universo.

Escenografía: Un banco del parque central de Nueva York, o de cualquier otro parque del mundo.

Personajes: Dos locos de esos que andan por las grandes ciudades del mundo. Loco Uno y Loco Dos. Tal vez no son tan locos . . .

Música: ''L'Autunno'', Concierto en Fa Mayor, Op. 8, No. 3 de ''Las Cuatros Estaciones'' de Vivaldi.

PRIMER ACTO

Un banco vacío cubierto de caquitas de pajaritos. El piso está cubierto de hojas secas. Entra el Loco Uno, da varias vueltas alrededor del banco. Luce indeciso. Se para, vuelve a caminar, se para de nuevo, camina otro poquito, ahora se detiene casi en el medio del escenario. Mira fijamente hacia el público, como mirando hacia el horizonte.

LOCO UNO: Mira, que he andado. He andado hacia arriba, he andado hacia abajo, he andado hacia la derecha, he andado hacia la izquierda, he andado hacia el centro. Bueno, he andado hacia todas partes. Y total, ¿para qué? Para caer en este asqueroso banco cagado por todos los pájaros aburridos en el parque. (*Le cae una caquita de pajarito en la frente.*) Pájaro maldito, ¿por qué no te vas a ensuciar a tu madre? (*Comienza a limpiar el banco.*) He andando el parque entero para descansar un poco y ahora que me encuentro este banco . . . malditos pájaros. (*Continúa limpiando el banco a la vez que canta enredadamente la canción del "Pájaro Chogüí". El* LOCO DOS *viene entrando lentamente, trae un carrito de supermercado lleno de trapos, períodicos y otras cosas que se han encontrado por la calle. Cruza el escenario por detrás del banco, estaciona el carrito y se acerca al* LOCO UNO, *el cual lo ignora. Cuando el* LOCO UNO *termina de limpiar el banco, el* LOCO DOS *brinca y se sienta en el banco.*) Un momento. Alto. Este banco es mío . . . lo acabo de encontrar, lo acabo de limpiar y es mío. ¿Qué es lo que usted se ha creído?

LOCO DOS: ¿Yo? Yo no me he creído nada. Yo estoy loco.

LOCO UNO: Pues, si está loco, váyase a sentar a un banco del manicomio.

LOCO DOS: (*Se ríe y de pronto se pone serio.*) ¿En el manicomio? ¿Tú estás loco?

LOCO UNO: No, él que está loco es usted.

LOCO DOS: ¿Loco yo, y por qué?

LOCO UNO: Porque lo acabo de decir ahora mismo.

LOCO DOS: ¿Cuándo? (*Se ríe secamente.*) Oigame, más respeto, no sea usted calumniador.

LOCO UNO: Pero si usted me acaba de decir ahora mismo, que usted está loco.

LOCO DOS: ¿Loco yo?

LOCO UNO: Sí, loco usted.

LOCO DOS: ¿Loco yo?

LOCO UNO: (*Gritando.*) Sí, loco usted.

LOCO DOS: Pero, ¿loco, loco, loco?

LOCO UNO: Sí, loco, loco, loco.

LOCO DOS: Pero, ¿loco, loco, loco, loco?

LOCO UNO: Sí, loco, loco, loco, loco.

LOCO DOS: Loco, loco, loco, loco, loco.

LOCO UNO: Loco, loco, loco, loco, loco.

LOCO DOS: ¿Loco, loco, loco, loco, loco, loco?

LOCO UNO: (*Gritando.*) Sí, loco, loco, loco, loco, loco, loco.

LOCO DOS: Pues entonces, lo coloco.

LOCO UNO: Me coloca, ¿adónde?

LOCO DOS: Lo coloco de encargado de bancos.

LOCO UNO: ¿Encargado de bancos? Pero, oígame, mire, esa es una responsabilidad un poco importante para un loco.

LOCO DOS: Precisamente, por eso es que lo coloco.

LOCO UNO: Pero, ¿cómo me va a colocar así, como así?

LOCO DOS: Así, como así, lo coloco.

LOCO UNO: (*Asombrado.*) ¿Pero por qué?

LOCO DOS: Porque usted está loco.

LOCO UNO: ¿Loco yo?

LOCO DOS: No. Yo, soy loco.

LOCO UNO: Claro, loco estará usted.

LOCO DOS: No. Loco estaré yo.

LOCO UNO: Sí, claro que loco está usted.

LOCO DOS: Pero si eso fue lo primero que yo le dije a usted, que yo estaba loco.

LOCO UNO: (*Energéticamente.*) Pues entonces párese de mi banco y váyase para un manicomio.

LOCO DOS: (*Se echa a llorar como un niño.*) Allí, allí no me quieren, allí no me cuidan, allí no me cobijan, allí no me alimentan, allí no me bañan, allí no me duermen. (*Se va acu-*

*rrucando sobre el banco.)*Allí no me dan juguetes, allí no me dejan jugar, allí no me dejan llorar, allí no me dejan reír, allí no me dejan crecer, allí no me entienden, porque allí todos están locos.

LOCO UNO: (*Medio confuso.*) Pues, entonces váyase para otro manicomio, donde lo quieran, donde lo cuiden, donde lo cobijen, donde lo alimenten, donde lo bañen, donde lo duerman, donde le den juguetes, donde lo dejen jugar, donde lo dejen llorar, donde lo dejen reír, donde lo dejen crecer, donde lo entiendan, aunque estén locos. Porque aquí en mi banco usted no se me va a plantar.

LOCO DOS: (*Brinca del banco y se agacha en el piso.*) ¿Con mierdita de pajaritos y todo?

LOCO UNO: ¿Cómo dice?

LOCO DOS: ¿Con mierdita de pajaritos y todo?

LOCO UNO: Con todo y con la mierdita de pajaritos.

LOCO DOS: ¿Con las hojitas secas y todo?

LOCO UNO: Con todo y las hojitas secas.

LOCO DOS: ¿Con el huequito este aquí (*Señala un huequito en el banco.*) y todo?

LOCO UNO: Con todo y con el huequito ese ahí.

LOCO DOS: ¿Con todito, con todo?

LOCO UNO: Con todo y con todito.

LOCO DOS: ¿Con todo, todo, todo?

LOCO UNO: Con todo, todo, todo.

LOCO DOS: Pero, ¿todo, todo, todo, todo, todo?

LOCO UNO: Todo, todo, todo, todo, todo, todo.

LOCO DOS: Pero, ¿todo, todo, todo, todo, todo, todo?

LOCO UNO: (*Gritando.*) Todo, todo, todo, todo, todo, todooooo.

LOCO DOS: (*Sonriendo.*) Pues entonces con todo.

LOCO UNO: Con todo, ¿no sabes lo que es todo?

LOCO DOS: (*Pícaramente.*) Entonces, conmigo también.

LOCO UNO: (*Histéricamente.*) Noooo, con usted no, con usted jamás. Con el huequito, con la mierdita, con las hojitas, pero con usted, jamás. Coño. Fuera de mi banco.

LOCO DOS: (*Salta, coge una gorra de policía del carrito y se dirige hacia el otro lado del escenario.*) Es usted un egoísta.

LOCO UNO: Todos somos egoístas, fuera de mi banco, fuera.

LOCO DOS: (*Con la gorra de policía y transformado.*) ¿Qué pasó aquí? What happened here? (*Se transforma en policía.*) Hurry up, I don't have all day. (*Se transforma.*) Imagínese usted, yo que estoy loco de remate, he llegado hasta este banco embarrado de mierda de pajaritos aburridos que vuelan por doquier, me he sentado y me he embarrado el fondillo.

LOCO UNO: (*Lo interrumpe.*) Mentira, señor policía, eso es mentira. Ya yo lo había limpiado.

LOCO DOS: (*De policía.*) Usted se calla, está hablando el loco. Cuando los locos hablan, los cuerdos se callan. Continúe, señor loco. (*Se transforma.*) Como le iba diciendo, señor policía, antes que el imbécil este me interrumpiera.

LOCO UNO: (*Transformado en policía*) Más respeto con la autoridad. El hecho que usted esté loco no quiere decir que puede insultar al acusado. (*Corre y se sube en el banco.*)

LOCO DOS: Pero, señor juez, créame lo que le digo, este hombre no sabe lo que dice, este hombre está loco de remate.

LOCO UNO: (*De juez.*) Silencio, silencio en la sala. Los fotógrafos, váyanse a fotografiar a otro lado. Los mirones, a mirar a otro lado. Los chismosos, a chismear a otro lado. Los chulos, a chulear a otro lado. Los curas, a curar a otro lado. Los, los, los carteristas, a carterear a otro lado. Los pájaros, (*Un pájaro le ensucia la cabeza.*) a cagar a otro lado. Y los locos, a loquear a otro lado. (*El* LOCO DOS *se va tranformando rápidamente en los distintos personajes que el juez va mencionando.*)

LOCO DOS: ¿A qué?

LOCO UNO: A loquear.

LOCO UNO: ¿A qué tú dijiste?

LOCO UNO: A loquear, ¿no me entiendes?

LOCO DOS: Usted me va a perdonar, señor juez, pero usted está arrebatao. Usted está más loco que yo. Usted está listo para el electro shock. (*Lo coge por los hombros y lo sienta en el banco, entonces se va hacia la parte de atrás del banco y con mímicas comienza a darle el electro shock.*) No se mueva. Quédese quieto, que no le va a pasar nada. Tranquilo, tranquilo, no te voy a hacer daño, tranquilo.

LOCO UNO: (*Asustado.*) No, no, por favor, no me den corriente, no, por favor, hoy no, hoy no me toca, yo no estoy tan loco hoy. Yo estoy bien. Dénsela a otras gentes que la necesitan. No gasten corriente por gusto. La compañía de electricidad se va a poner brava. Yo no la necesito. (*Comienza a temblar.*) Dénsela al presidente, ése sí que está loco. Dénsela a Fidel Castro, el está más loco que yo. Por favor, no, a mí no, no me la den. Yo estoy bien. No, no, no, ay, ay, ay. (*Tiembla y se tuerce fuertemente. Queda paralizado. De repente brinca y se para.*) Ya, ya estoy bien. Ahora te toca a ti. Siéntate. No se mueva. Quédese quieto, que no le va a pasar nada. Tranquilo, tranquilo, no te voy a hacer daño. Tranquilo.

LOCO DOS: (*Se sienta en el banco, luce muy asustado.*) No, no, por favor, no me den corriente, no, por favor, hoy no, hoy no me toca, yo no estoy tan loco hoy. Yo estoy bien. Dénsela a otras gentes que la necesitan, no gasten corriente por gusto. La compañía de electricidad se va a poner brava. Yo no la necesito. Dénsela al presidente, ese sí que está loco. Dénsela a Fidel Castro, él está más loco que yo. Por favor, no, a mí no, no me la den. Yo estoy bien. No, no, no, ay, ay, ay. (*Tiembla y se tuerce fuertemente. Queda paralizado. El* LOCO UNO *vuelve a sentarse al pie del* LOCO DOS. *Ambos miran hacia al vacío. Se quedan en silencio por unos segundos. Lucen tener frío. Parcen estar esperando a alguien.*)

LOCO UNO: No viene. Ahora sí que parece que no viene.

LOCO DOS: Yo pensé que vendría.

LOCO UNO: Aquí la cuestión no es pensar que vendría. Aquí la cuestión es que no viene.

LOCO DOS: Todo parecía indicar que vendría.

LOCO UNO: Todo el mundo lo decía. La radio, la televisión, los periódicos.

LOCO DOS: Pero no vino. Tal vez venga luego.

LOCO UNO: Tal vez luego, pero ahora que lo estamos esperando, no viene.

LOCO DOS: Bueno, hay que tener resignación. A veces uno lo espera y no viene. Pero a veces cuando uno menos lo espera, entonces viene.

LOCO UNO: Eso sólo le pasa a los que tienen suerte o conexiones.

LOCO DOS: Yo nunca he tenido suerte ni conexiones y sin embargo me ha venido.

LOCO UNO: Yo nunca he tenido suerte. La suerte sólo es para los de arriba.

LOCO DOS: Pero a veces los de abajo también tienen suerte.

LOCO UNO: Solamente los que tienen suerte de tener suerte, tienen suerte.

LOCO DOS: La suerte es una cosa muy indefinida, muy complicada, muy filosófica, muy profiláctica, muy, muy, muy . . .

LOCO UNO: La suerte es loca y a cualquiera le toca.

LOCO DOS: Por eso yo siempre he dicho, que él que a buen palo se arrima, buen tronco le cae encima.

LOCO UNO: La suerte depende de con quién tu andes. Dime con quién andas y te diré quién eres.

LOCO DOS: La suerte de matar, la suerte de morir. El que a hierro mata, a hierro muere. (*Se ríe sarcásticamente.*)

LOCO UNO: Suerte tiene el que ríe último, porque ríe mejor.

LOCO DOS: Por eso es que, mira, ojo por ojo, diente por diente.

LOCO UNO: Ay, viejo, cría cuervos y te sacarán los ojos.

LOCO DOS: Mira, loco, haz el bien y no mires a quién. Y tendrás suerte.

LOCO UNO: Suerte, suerte. El que se acuesta con niño, amanece mojado, eso sí es mala suerte.

LOCO DOS: (*Luce muy serio.*) Cuando las gallinas hablan, los pollitos mean.

LOCO UNO: Pían.

LOCO DOS: ¿Qué?

LOCO UNO: Que pían, pían.

LOCO DOS: ¿Pían?

LOCO UNO: Pían, sí, ¿tú no sabes lo que es piar?

LOCO DOS: Lo que hacen los pollitos, claro que lo sé.

LOCO UNO: Pues eso mismo.

LOCO DOS: Eso mismo, ¿qué?

LOCO UNO: Que pían.

LOCO DOS: ¿Y qué?

LOCO UNO: ¿Y qué? Como mierda, eso mismo. Que cuando las gallinas hablan los pollitos pían, no que mean.

LOCO DOS: (*Haciéndose el tonto.*) Pero yo no sabía que las gallinas hablaban. ¿Cacarean, no?

LOCO UNO: (*Despectivamente.*) Tú estás loco.
LOCO DOS: ¿Loco yo?
LOCO UNO: Sí, loco tú.
LOCO DOS: Tu fuiste él que empezaste.
LOCO UNO: No, señor, yo no fui quien empezó, ya esto estaba empezado.
LOCO DOS: Esto no estaba empezado nada. Nada nunca estuvo empezado. Todo siempre estuvo ahí, simplemente ahí.
LOCO UNO: Espérate un momento, explícame eso mejor. ¿Cómo es que tú dijiste?
LOCO DOS: Lo que oíste. Nada nunca estuvo empezado. Todo siempre estuvo ahí.
LOCO UNO: Tú me vas a decir que antes de tú nacer, ¿ya tú existías?
LOCO DOS: (*Pensando.*) Yo no, pero la vida, sí.
LOCO UNO: ¿Y acaso la vida no tuvo su comienzo?
LOCO DOS: No.
LOCO UNO: ¿Cómo que no?
LOCO DOS: Eso mismo, no.
LOCO UNO: No, ¿qué?
LOCO DOS: Eso mismo, la vida.
LOCO UNO: La vida, ¿qué?
LOCO DOS: Que tuvo su comienzo.
LOCO UNO: Pero si eso fue lo que yo dije.
LOCO DOS: Sí, pero nunca existió un comienzo.
LOCO UNO: Pero qué bien se ve que tú estás loco.
LOCO DOS: (*De profesor.*) Estamos acostumbrados a verlo todo comenzar y terminar. Pero en realidad, nunca hemos visto el comienzo de la vida.
LOCO UNO: Yo he visto comienzos y he visto finales también.
LOCO DOS: Tú nunca has visto el comienzo del sol, o el de la luna, tú nunca has visto el comienzo del agua, ni nunca has visto el comienzo del cielo. Tú nunca has visto el comienzo del mundo.
LOCO UNO: Yo veo el sol cuando comienza todas las mañanas. Y después lo veo cuando termina antes de que salga la luna.
LOCO DOS: Mira, loco, el sol siempre estuvo ahí, nadie nunca lo ha visto comenzar. Nadie ha visto el comienzo de la tierra, la

tierra siempre estuvo ahí. Nadie ha visto el comienzo de la luna, porque la luna siempre estuvo ahí.

LOCO UNO: Dios sí lo ha visto.

LOCO DOS: (*Pensando rápidamente.*) ¿Tú lo has visto?

LOCO UNO: Yo no, pero Dios sí.

LOCO DOS: ¿Tu has visto a Dios?

LOCO UNO: Una sola vez, pero iba muy rápido, no lo pude ver muy bien.

LOCO DOS: (*Confuso.*) ¿A dónde tú viste a Dios?

LOCO UNO: Yo estaba parado en la puerta de un supermercado, y el me pasó por el pie, iba bien rápido. (*Hace los gestos.*)

LOCO DOS: Y de qué color iba vestido, ¿eh?

LOCO UNO: ¿Quién?

LOCO DOS: ¿Quién va a ser?

LOCO UNO: ¿Yo?

LOCO DOS: No, Dios, Dios.

LOCO UNO: ¿Dios, Dios? De azul y rojo.

LOCO DOS: ¿Cómo tenía el pelo? ¿Lo tenía largo o corto?

LOCO UNO: (*Pensativo.*) Déjame ver . . . yo creo que lo tenía largo.

LOCO DOS: Seguramente que era un hippy.

LOCO UNO: Ya te dije que iba muy rápido, no lo pude ver bien, iba que jodía.

LOCO DOS: ¿No le dijiste nada?

LOCO UNO: ¿Qué le iba a decir, tú estás loco?

LOCO DOS: Algo: hola, gracias, adiós, algo, ¿no?

LOCO UNO: Lo único que le pude decir fue que me sacara de atrás de la puerta de cristal automática que me había atrapado contra la pared, cuando él entró, pero iba tan rápido que ni me oyó.

LOCO DOS: Milagro que no te oyó. (*Se sienta en el espaldar del banco.*)

LOCO UNO: Iba muy rápido.

LOCO DOS: Así mismo. Dios siempre escucha.

LOCO UNO: Pues a mí no me escuchó, me dejó atrapado detrás de la puerta de cristal.

LOCO DOS: Ese no era Dios nada.

LOCO UNO: ¿Y cómo tú lo sabes?

LOCO DOS: Tú crees que Dios va a andar, así como así, en un supermercado.

LOCO UNO: ¿Y por qué no?

LOCO DOS: Porque Dios necesita ayudantes, secretarios, guardaespaldas.

LOCO UNO: ¿Dios, guardaespaldas? Tú estás loco.

LOCO DOS: ¿Tú te crees que Dios está loco? Si Dios aparece aquí en la tierra, así como así, no dura ni un minuto, no duraría nada.

LOCO UNO: ¿Dios, tú sabes lo que tú estas diciendo? Que bien se ve que tú no lo conoces.

LOCO DOS: Lo conozco mejor que tú. Con la cantidad de salvajes ateos que hay en esta ciudad, ¿tú crees que va a durar mucho? ¿Tú estás loco?

LOCO UNO: ¿Pero quién le va a hacer daño a Dios?

LOCO DOS: ¿Quién? El diablo.

LOCO UNO: Mira, que tú estás loco. ¿Y tú te crees que Dios no conoce al diablo?

LOCO DOS: Sí, lo conocerá, pero no lo conoce cuando el diablo se disfraza de vendedor de perros calientes, o de taxista, o de policía. El diablo a veces se disfraza hasta de cura, de ejecutivo, de juez. El diablo es un muchacho vivo, el diablo es capaz de desfrazarse hasta de Dios mismo.

LOCO UNO: El diablo no puede con Dios.

LOCO DOS: Eso te crees tú, el diablo sabe Kon-Fu.

LOCO UNO: ¿Y qué tú me dices con eso?

LOCO DOS: Para andar por estas calles, hay que saber Kon-Fu, Karate, Judo, lucha libre, boxeo y saber correr como loco.

LOCO UNO: Eso sí sé que él sabía.

LOCO DOS: ¿Qué cosa, Kon-Fu?

LOCO UNO: No, correr. El tipo iba que jodía. ¿Tú te imaginas? Si Dios baja del cielo ahora mismo, en seguida dicen que es un OVNI.

LOCO DOS: ¿Un Qué?

LOCO UNO: Un OVNI, un aparato de esos sin identificar.

LOCO DOS: Y hasta son capaces de hacer una película con él en Hollywood.

LOCO UNO: O lo cogen y lo meten en una vitrina de cristal para exhibirlo en el Pentágono de Washington.

LOCO DOS: Y los dueños de empresas mandarían a hacer camisetas con la fotografía de él, globos, muñequitos plásticos, afiches. Se convertiría en el producto más consumido por los americanos. Se olvidarían hasta de la Coca-Cola. Pobrecito Dios.

LOCO UNO: Pobre, ¿por qué?

LOCO DOS: Tú te imaginas haber sido crucificado, para salvar a tantos hijos de pu . . . (LOCO UNO *le tapa la boca.*)

LOCO UNO: No lo digas, no lo digas, eso es pecado. (*Le quita la mano de la boca al* LOCO DOS.)

LOCO DOS: . . . ta.

LOCO UNO: Te dije que no lo dijeras, que eso era pecado.

LOCO DOS: Pecado, pecado, pecado, todo es pecado.

LOCO UNO: (*Maliciosamente.*) Dime un cosa, ¿a ti te gusta pecar?

LOCO DOS: ¿A mí? (*Se ríe.*) Bueno, de vez en cuando.

LOCO UNO: (*Se transforma en cura.*) Vamos a ver, hijo mío, cuéntame tus pecados, con lujo y detalle. (LOCO DOS *corre alrededor del banco y se le acerca al oído, comenzando a contarle, en secreto, sus pecados.* LOCO UNO *va reaccionando a lo que el* LOCO DOS *le va diciendo al oído.*) Dime más, dime, dime más, sigue contándome tus pecados, más, más, más. Peca más, peca más, peca, peca peca. (*Brinca.*) Basta ya de pecar, pecador, malo. Tú no tienes salvación. Ahora pagarás todos tus pecados. Te mandaré a la Siberia, para que sepas lo que es bueno.

LOCO DOS: No, por favor, no, a la Siberia, no. Yo no sé hablar ruso.

LOCO UNO: Pues entonces, a Cuba, sí, sí, a Cuba. A uno de los campos de concentración en Cuba.

LOCO DOS: No, por favor, no, a Cuba sí que no, yo no sé cortar caña.

LOCO UNO: Pues, entonces buscaré el peor de los castigos. (*Piensa.*) Déjame ver . . . déjame ver . . . ah, ya sé, te castigaré haciéndote viajar en subways por el resto de tu vida. (*El* LOCO DOS *se sienta en el banco.* LOCO UNO *le planta un pie sobre el pie de* LOCO DOS. *Ambos lucen ir en un sub-*

way.)

LOCO DOS: Ey, señor, señor. (LOCO UNO *lo ignora.*) Señor, pssst, mister, mister. (*Lo jala por el pantalón.*)

LOCO UNO: Are you talking to me?

LOCO DOS: Sí, señor, mire, haga el favor de moverse un poquitico. Me está pisando el pie.

LOCO UNO: What?

LOCO DOS: You, you pisando my foot.

LOCO UNO: I beg your pardon, sir . . .

LOCO DOS: Ay, ay, mister, por favor, usted pesa mucho. Mi pie, ay, ay . . .

LOCO UNO: What the hell are you talking about? Talk to me in English, English.

LOCO DOS: Mi pie, ay, basta ya. Your foot, your foot.

LOCO UNO: I don't know what this creep is saying. Is there anybody here that knows the language that this underdeveloped mind is speaking?

LOCO DOS: (*Llorando.*) Mi, usted me está desbaratando mi pie. Ya no puedo más. Por favor, mister, no me pise más. Quite su bota de encima de mi pie. Yo le doy lo que usted me pida. Mis bananas, mi café, mi cacao y mis esmeraldas. Cójase mi azúcar y mi petróleo. Mister, yo le doy hasta mi cerebro, pero por favor, no me pise más el pie. Su bota me está aplastando.

LOCO UNO: (*Sarcásticamente.*) Come on, don't make that unnecesary noise. Bla, bla, bla, bla. You are here in America, you are free to move, you are not in your little pueblito.

LOCO DOS: (*Gritando.*) Coño, mi pie, basta ya de abuso.

LOCO UNO: Say it in English, come on, come on, try once again in English.

LOCO DOS: (*Gritando rabioso.*) Mister, ya me cansé de que me pise.

LOCO UNO: (*Burlándose.*) What did you say?

LOCO DOS: (*Gritando.*) Que basta ya de pisarme con su bota asquerosa. Get the hell off my foot, goddamit, sanomabich.

LOCO UNO: (*Asombrado.*) ¿Pero usted habla inglés?

LOCO DOS: ¿Y usted habla español?

LOCO UNO: Claro que sí.

LOCO DOS: (*Le da la mano.*) Pues aquí no ha pasado nada.

LOCO UNO: Claro que no ha pasado nada.
LOCO DOS: Absolutamente nada.
LOCO UNO: Nada, nada, nada.
LOCO DOS: Nada, nada, nada, nada.
LOCO UNO: Nada, nada, nada, nada, nada.
LOCO DOS: Nada, nada, nada, nadita de nada.
LOCO UNO: Pues nada.
LOCO DOS: Excepto, que me ha planchado un pie.
LOCO UNO: Usted no sabe cuánto lo siento.
LOCO DOS: (*Se para.*) Bajémonos del subway. Ya no se está moviendo.
LOCO UNO: (*Comienza a caminar alrededor del banco.*) Bonito día, ¿verdad?
LOCO DOS: Sí. No se puede ver el sol.
LOCO UNO: Menos mal que hace fresco.
LOCO DOS: Sí. Hay una humedad terrible.

LOCO UNO: Se siente el olor del pasto recién cortado.
LOCO DOS: Sí, hay una peste a gasolina tremenda en la atmósfera.
LOCO UNO: Hoy es un día perfecto para cazar ardillas.
LOCO DOS: Loco. Yo prefiero palomas.
LOCO UNO: Hay quienes cazan conejos.
LOCO DOS: Y curieles y zorras también.
LOCO UNO: Y hay quienes cazan ballenas.
LOCO DOS: Un día de éstos, las ballenas y los osos, las zorras y los curieles y las palomas y los conejos, todos se van a volver locos y se van a poner a cazar a los humanos.
LOCO UNO: Me gustaría ver eso, eso sí, eso sí . . .
LOCO DOS: Eso yo lo dije una vez, cuando estaba cuerdo, y se creyeron que yo estaba loco.
LOCO UNO: Qué claro estaban.
LOCO DOS: ¿Quiénes?
LOCO UNO: Los que se creyeron que tú estabas loco.
LOCO DOS: (*Se sienta, el* LOCO UNO, *continúa caminando alrededor del banco.*) Oye, oye, deja ya de caminar, me tienes mareado. Siéntate aquí, vamos a reírnos de los cuerdos. (*Comienzan a mirar hacia el público.*) Mira esa, mira esa, lleva el fondillo por fuera. (*Se ríen.*) Mírame aquel gordo. (LOCO UNO *se sienta también.*) Gordo, gordo, ya tú no

puedes ni con tu vida.

LOCO UNO: Oye, cállate, se van a creer que estamos locos. Fíjate en aquel, mírame aquél, tú. (*Gritando.*) ¡Cara sucia, compra jabón! (*Se ríen.*)

LOCO DOS: Ey, calvo, calvito. Tu cabeza parece una pelota de billar. (*Se ríe.*)

LOCO UNO: Mírame a ese hippy, hippy, hippy, japa, japo, hasta aquí me llega el sobaco. (*Se ríen.*)

LOCO DOS: Mira pa' allá, ¿es un hombre, o es una mujer?

LOCO UNO: Parece un Wuatusi disfrazado de mujer.

LOCO DOS: Niña, cuidado que se te rompen los tacones. (*En burla.*)

LOCO UNO: (*Señalando a uno en el público.*) Oye, tú tienes dentadura de burro.

LOCO DOS: Se parece a la dentadura del presidente, de tanto comer maní.

LOCO UNO: Quieto, quieto, estate quieto. Fíjate en esa mujer, qué hermosa.

LOCO DOS: (*Arreglándose coquetamente.*) Hola, joven, pssst, jovencita, pssst, muchachita, muchacha, ey, dama, pssst, pssst, mujer, ey, vieja.

LOCO UNO: Se cree que porque es lo mejorcito que ha pasado por aquí, hoy, ella es la dueña del parque. (*Gritando.*) Cara de rana seca.

LOCO DOS: Oye, cállate, se van a creer que estás loco.

LOCO UNO: Te voy a pedir un favor, no me mandes a callar más.

LOCO DOS: ¿Cómo no te voy a mandar a callar? No ves que si te llevan a ti, a mí también me llevan por haber estado aquí sentado.

LOCO UNO: Bueno, bueno, está bien, pero cállate ya.

LOCO DOS: Yo no soy ningún niño chiquito, para que mandes a callar así. (*Le grita al oído.*) ¿Me oíste?

LOCO UNO: Claro que te oí. (*Gritando.*) Yo no soy sordo.

LOCO DOS: Pues no me mande a callar más.

LOCO UNO: (*Gritando.*) Tú hablas mucho, ya me tienes mareado, y si me gritas, te mando a callar.

LOCO DOS: (*En el oído del* LOCO UNO.) Yo grito cuando me da la gana y donde me da la gana.

LOCO UNO: No me grites en el oído, imbécil.

LOCO DOS: Más imbécil eres tú, idiota.

LOCO UNO: (*Gritando histéricamente.*) Acuérdate que este banco es mío, y aquí el único que puede gritar soy yo, coñooooo.

LOCO DOS: (*Gritando.*) Mierdaaaaa.

LOCO UNO: (*Gritando.*) Cretinoooo.

LOCO DOS: (*Gritando.*) Estúpidooo.

LOCO UNO: (*Gritando.*) Imbécil.

LOCO DOS: (*Gritando.*) Idiotaaaaa.

LOCO UNO: (*Gritando.*) Animal.

LOCO DOS: (*Gritando.*) Burroooooo.

LOCO UNO: (*Gritando.*) Cochinoooo.

LOCO DOS: (*Gritando.*) Renacuajo.

LOCO UNO: (*Gritando.*) Pendejooooo.

LOCO DOS: (*Gritando.*) Maricón.

LOCO UNO: (*Gritando.*) Locooooo.

LOCO DOS: (*Disimulando.*) Cállate, cuidado, qué día tan bello. Cállate, que por ahí viene la policía. Qué día tan bello, que precioso día. (*Ambos disimulan exageradamente. Uno pretende leer un períodico. El* LOCO DOS *hace como si le limpiase los zapatos al* LOCO UNO. *Hacen ver que ya pasó el peligro.*)

LOCO UNO: Menos mal, ya se fue, por poquito se da cuenta que tú estabas loco.

LOCO DOS: ¿Que yo estaba loco? Ah, y tú no, ¿eh?

LOCO UNO: Yo no, aquí el único con cara de loco y que está loco de verdad, eres tú. Además éste es mi banco.

LOCO DOS: Yo te voy a enseñar a ser loco a ti. Me largo ahora mismo. Quédate con tu porquería de banco, así, lleno de mierda. Quédate con tus árboles secos y con tus ardillas. Quédate con tus policías y tus heladeros. Quédate con tus pájaros y tus hojas secas. Sí, total, hay miles de parques en el mundo con millones de bancos. Yo no tengo que quedarme en este banco asqueroso. (*Coge su carrito y comienza a irse.*) Ya encontraré un banco más amplio, más limpio y más libre. Encontraré un banco sin mierda de pájaros y sin un loco como tú. Quédate con tu banco, cómetelo, disfrútalo, si puedes. Seguro que te pesará. Me voy, adiós. (*Se va hacia afuera del escenario con su carrito de supermercado.*)

LOCO UNO: (*Mira a ver si es verdad que se ha ido.*) Oye, espera un momento, loco, loco, espérate. Oye, yo tan sólo estaba bromeando. Loco, espera, no me hagas caso. Tú no te das cuenta que yo estoy loco. A los locos no se les hace mucho caso. Espera, espera, no te vayas, que no te vayas, coño. (*Trata de no llorar.*) No te vayas loco, no te vayas. No me dejes solo con este otoño. Me volveré loco si me dejas solo. Por favor, loco, no te vayas. Nunca encontrarás a otro loco como yo. Yo me voy a morir de soledad, sé que me voy a morir. Yo no quiero seguir estando loco. Caminando solo por los parques. Todo el mundo se ríe de mí. Por favor, loco, regresa. Tú eres el único que no te has reído de mí. Tú, me entiendes. Tú sabes de lo que yo te hablo. Tú sí, que comprendes mi filosofía de la vida. (*Llora y cae arrodillado, va hacia el banco.*) Dios mío, no deje que se vaya. Dígale que vuelva. Dígale que yo soy el único amigo que él va a encontrar por los parques del mundo. (LOCO DOS *regresa poco a poco.*) Gracias, Dios mío. (*Ve de reojo al* LOCO DOS *que ya regresó.*) Gracias, Dios mío, muchas gracias. (*Le cae una caquita de pajarito en la frente.*) Pájaro maldito, ¿por qué no te vas a ensuciar a tu madre? (*Comienza a repetir los mismos movimientos cuando empezó la obra.*) He andado el parque entero para descansar un poco. Y ahora me encuentro este banco . . . malditos pájaros. (*Limpia el banco a la vez que canta la canción del "Pájaro Chogüí". El* LOCO DOS *brinca y se sienta en el banco.*) Un momento. Alto. Este banco es mío, lo acabo de encontrar, lo acabo de limpiar y es mío. ¿Qué es lo que usted se ha creído?

LOCO DOS: ¿Yo? Yo no me he creído nada. Yo estoy loco.

LOCO UNO: Pues, si está loco, váyase a sentar en un baco del manicomio.

LOCO DOS: (*Se ríe.*) ¿En el manicomio, usted está loco?

LOCO UNO: No, él que está loco es usted.

LOCO DOS: ¿Loco yo? ¿Y por qué?

LOCO UNO: Porque lo acabo de decir ahora mismo.

LOCO DOS: ¿Cuándo? Oigame, más respeto, no sea usted calumniador.

LOCO UNO: Pero si usted me acaba de decir ahora mismo que usted está loco.

LOCO DOS: ¿Loco yo?

LOCO UNO: Sí, loco usted.

LOCO DOS: (*Ríe.*) ¿Loco yo?

LOCO UNO: Sí. Loco usted.

LOCO DOS: Pero, ¿loco, loco, loco?

LOCO UNO: Sí, loco, loco, loco.

LOCO DOS: Pero, ¿loco, loco, loco, loco?

LOCO UNO: Loco, loco, loco, loco.

LOCO DOS: ¿Loco, loco, loco, loco, loco, loco?

LOCO UNO: Loco, loco, loco, loco, loco, loco.

LOCO DOS: Pues entonces, lo coloco.

SEGUNDO ACTO

Escenografía: La misma escenografía del primer acto.
Música: Concerto No. 4 in Fa Menor, "Invierno".

El LOCO UNO *aparece acostado sobre el banco, de vez en cuando ronca. El* LOCO DOS *está acostado en el suelo, por abajo del banco. Juega con un caimancito, el cual se encuentra en una jaula de pajarito y sobre un orinal.*

LOCO DOS: (*Cantando dulcemente.*) "Se va el caimán, se va el caimán, se va para Barranquilla". (*Ríe.*) "Se va el caimán, se va el caimán, se va para Baranquilla". (*Acaricia la jaula.*) "Se va el caimán, se va el caimán, se va para Barranquilla". (*Le pasa la mano al caimancito.*) Duérmete, caimancito, duérmete, por favor, porque viene el cuco y te mete un pecozón. (*Le pega flojito al caimancito.*) Cuando yo era chiquito, mi mamá me dormía todas las noches. (*Se sienta en el piso.*) Y si yo no me dormía, me decía que de la luna iba a bajar un diablo y me iba a llevar con él. Una vez yo no me dormí, pero el diablo nunca bajó. El que bajó fue mi papá, que llegó borracho, como siempre. Y me cayó a correazos. (*Con voz de niño.*) No me pegues papaíto, no, no, por favor. No me pegues . . . no, no, no. (*Se va parando mientras continúa hablándole al caimancito.*) Mi mamá se metió a defenderme y mi papá le cayó a correazos a ella también, a ella también, a ella . . . Mi papá estaba loco como yo, un poquito menos, pero un poquito más loco. (*Ríe.*) Pero estaba loco. Una vez mi papá me fue a buscar a la escuela y la maestra le dio una queja de mí. Le dijo que yo había hecho caquita en el pupitre. (*Ríe.*) Mi papá se enfureció y me quitó los pantalones delante de todos los muchachos del aula. Me dio tremenda paliza. Los muchachos empezaron a gritar y mi papá se volvió loco. (*Ríe secamente.*) Empezó a tirar cosas: tinteros, borradores, cuadernos, sacapuntas, reglas, escupideras. Tiró hasta un esqueleto que había colgado en un rincón. Desde ese día, cada vez que me veían los muchachos de la escuela, comenzaban a gritarme: por ahí va el hijo del loco, uuuh, uuuh. (*Pone la mirada triste.*) Mi papá no estaba loco. Yo, sí, que estoy loco. Yo sé que estoy loco. Como no voy a estar loco, con tantos locos que veo por las calles, todos los días. Tú sabes una cosa, yo creo que aquí hay más locos afuera que adentro. Eso yo lo puedo afirmar, porque yo, sí, sé, lo que es estar loco, adentro y afuera. (*Ríe.*) A veces yo no me siento tan loco nada, pero me doy cuenta de la forma en que la gente me mira. Entonces me doy cuenta lo jodido que estoy. Pero a veces yo estoy más cuerdo que los que están cuerdos, porque ellos están más locos que los que están locos. Y como yo estoy loco, entonces sé que no están cuerdos, porque están locos. (*Pensativo.*) Yo no quisiera estar loco. Nadie quisiera estar loco. Pero nadie hace nada por lo que estamos locos. Se ríen de nosostros, nos cogen miedo, o simplemente nos ignoran, que es peor aún. (*Hablándole al caimancito.*) ¿Tú no te pones bravo si te ignoran? Dime, tú no te pones bravo si te ignoran, ¿eh? Tú te pones bravo, ¿sí o no? Dime, ¿te incomodas? ¿Verdad? Contéstame, contéstame, coño, no me ignores, caimancito. (*Se para voilentamente.*) ¿Tú sabes una cosa? Para mí sería muy fácil sacarte el mondongo, con simplemente una pisada y plassh, te plancho los mondongos. Mira, mejor es que te duermas, porque te voy a hacer lo mismo que mi papá me hacía. (*Se quita el cinturón.*) A ver, dime, ¿no te vas a dormir? Duérmete o te va a pesar, que te duermas, coño. No me mires más con esa cara de caimán cansado. Que te duermas, te digo. Caimán, duérmete, duérmete, duérmete, coño, duérmete. (*Le pega con el cinturón.*) Duérmete, duérmete, duérmete. (*Mientras le grita al caimancito, le va pegando con el cinturón a todas las cosas, hasta pegarle por las piernas al* LOCO UNO. *Este brinca del susto y cae rodando por el suelo.*)

LOCO UNO: (*Rodando por el suelo.*) No, no, no, no me torturen más, no voy a hablar, sí voy a hablar, que sí voy a hablar, que no voy a hablar, que sí voy a hablar. . . No me torturen más, yo soy inocente. (*Cae sentado en el banco, como si estuviera *amarrado.*) Mis uñas, mis uñas, por favor, no me quemen los pies, por favor, no me saquen los ojos, ay, ay, ay, eso sí que no, no, no, no. No me torturen má, yo soy inocente, de verdad que sí, yo soy inocente. Yo no puse la bomba. La bomba ya estaba puesta cuando yo pasé por allí. Yo no le prendí la mecha a la bomba. La bomba no tenía mecha. Yo no le puse la mecha, esas bombas no usan mechas. Yo no le puse el reloj. Yo no sé qué hora tenía el reloj de la bomba. El reloj no tenía bomba. Allí no había ninguna bomba.

LOCO DOS: ¿Cómo si no había ninguna bomba, hubo tan grande explosión?

LOCO UNO: No hubo ninguna explosión, ése fue un camión que pasó por el lugar de la bomba.

LOCO DOS: (*Como detective misterioso.*) ¿De qué bomba?

LOCO UNO: De la bomba que explotó a las doce.

LOCO DOS: ¿Como usted sabe que explotó a las doce?

LOCO UNO: Yo lo sé, porque yo vi la hora en el reloj de la bomba.

LOCO DOS: (*Va cambiando de posiciones.*) ¿Y cómo pudiste ver la hora, si explotó la bomba?

LOCO UNO: Yo le puse la hora.

LOSO DOS: ¿Cuándo?

LOCO UNO: Antes de que explotara la bomba.

LOCO DOS: ¿Y cómo no lo hirió la bomba?

LOCO UNO: Yo corrí antes de que explotara.

LOCO DOS: ¿Entonces quién le encendió la mecha a la bomba?

LOCO UNO: Yo le encedí la mecha a la bomba.

LOCO DOS: ¿Entonces usted puso la bomba?

LOCO UNO: ¿Cuál bomba?

LOCO DOS: La grande.

LOCO UNO: ¿La bien grande?

LOCO DOS: Sí, la grandota.

LOCO UNO: ¿La grandísima?

LOCO DOS: Sí, sí, la grandotota.

LOCO UNO: Ah, ¿el bombazo?

LOCO DOS: Sí, ésa misma, la que destruyó la ciudad.

LOCO UNO: ¿Cuál ciudad?

LOCO DOS: Usted sabe muy bien cual ciudad.

LOCO UNO: Yo no sé de qué ciudad usted me habla.

LOCO DOS: ¿Cómo no va a saberlo? Si usted iba piloteando el avión.

LOCO UNO: Yo le juro a usted, que yo era el co-piloto, yo no era el piloto.

LOCO DOS: ¿Quién apretó el botón?

LOCO UNO: Todos.

LOCO DOS: ¿Todos?

LOCO UNO: Sí, todos, todos apretamos el botón.

LOCO DOS: ¿Cómo que todos?

LOCO UNO: Sí, todos, usted, ellos, aquellos. Todos apretamos el botón y lo vamos a seguir apretando, una y otra vez. Seguiremos apretándolo. Y seguirán cayendo bombas. Y seguiremos destruyendo ciudades. Y seguirán habiendo Hiróshimas. Y los israelíes seguirán bombardeando a los árabes. Los palestinos seguirán bombardeando a los israelíes. Los ingleses serguirán bombardeando a los irlandeses. Las tropas cubanas serguirán bombardeando a los africanos. Y los tanques soviéticos volverán a bombardear a Hungría y Checoslovaquia. Los chinos serguirán bombardeando a los vietnamitas. Y los vietnamitas a los de Camboya. Los americanos volverán a bombardear las aldeas de Vietnam. Todo eso serguirá. ¿Tú sabes por qué? Porque todos apretamos el botón. (LOCO DOS *corre y se pone en atención al pie del banco, usa una gorra verde olivo. El* LOCO UNO *comienza a hacer mímicas como si se estuviese poniendo un uniforme*.)

LOCO DOS: Pero comandante, no se excite tanto, total, no vale la pena.

LOCO UNO: (*Con aire de general.*) ¿Hay mucha gente en la plaza?

LOCO DOS: Bastante comandante, bastante.

LOCO UNO: ¿Campesinos, obreros, estudiantes y profesionales?

LOCO DOS: Campesinos, obreros, estudiantes, profesionales y mujeres también, comandante.

LOCO UNO: ¿Me consiguieron buenos micrófonos?

LOCO DOS: El podio es blindado, comandante.

LOCO UNO: ¿Ya pusieron todas las banderas?

LOCO DOS: Y hemos traído periodistas de casi todo el mundo,

comandante.
LOCO UNO: ¿Invitaron a los países del tercer mundo?
LOCO DOS: Y del cuarto y del quinto también, comandante.
LOCO UNO: ¿Ya les dieron la bienvenida?
LOCO DOS: Tenemos vigilancias hasta en las azoteas, comandante.
LOCO UNO: ¿Repartieron el órgano oficial del partidito?
LOCO DOS: Y papel sanitario también, comandante.
LOCO UNO: ¿Que tú crees de todo esto?
LOCO DOS: Lo mismo que cree usted, comandante.
LOCO UNO: Vamos, hombre, esto, ni yo mismo me lo creo.
LOCO DOS: El problemita no es creer; el problemita es hacer creer, comandante.
LOCO UNO: Yo creo que ellos creen lo que yo creo.
LOCO DOS: Si creen lo que usted cree y es lo mismo que yo creo, entonces me parece que creen, comandante.
LOCO UNO: ¿Tú crees?
LOCO DOS: Bueno, si usted cree, comandante.
LOCO UNO: Hay que creer, si no, ellos no creen.
LOCO DOS: ¿Usted cree que ellos no van a creer, sabiendo que eso es lo que usted cree, comandante?
LOCO UNO: (*Muy orgulloso.*) Eso es lo que yo siempre he creído.
LOCO DOS: Por esa misma razón es que yo creo, comandante.
LOCO UNO: Pues si yo creo, tú crees y ellos creen, yo creo que debemos de empezar el acto, para hacerle creer.
LOCO DOS: Yo también lo creo, comandante.
LOCO UNO: (*Ya listo.*) Anúnciame.
LOCO DOS: ¿Cómo?
LOCO UNO: Que me anuncies.
LOCO DOS: ¿Que lo anuncie, comandante?
LOCO UNO: Sí, idiota, que me anuncies. ¿Tú no crees?
LOCO DOS: Ah, sí, sí, comandante, claro comandante. (*Se sube en el banco de espaldas al público.*) Compañeros creyentes, con ustedes, el comandante en jefe, primer secretario del comité central del partidito de los creyentes. Presidente de los consejos de estado y de ministros. Aquí está en persona, el bravo, el único, el insuperable, él que más dice.
LOCO UNO: (*Se sube al banco de espaldas al público. Mira a su*

público imaginario, lo saluda.) Pueblo creyente. Yo creo, que al igual que ustedes creen, el camino ha sido duro. La lucha no ha sido fácil, qué va. Hemos caminado un largo camino, antes de llegar a este camino que nos conducirá al camino final, el verdadero camino. Yo, que soy el creador de esta cosa que comunmente se llama revolución, creo, fíjense bien, creo. Creo que hay que creer, porque el que no cree, yo no sé en qué estará creyendo. Aquí o se cree o no se cree. Y para creer hay que creer en las creencias de esta cosa, que en definitiva, es lo que yo creo. Compañeros creyentes, les aconsejo a todos que crean, porque los enemigos imperialistas creen que nosotros no creemos, que ellos creen lo que nosotros hemos venido creyendo por más de veinte años. (*Ya frente al público, observa fijamente.*) Uh, eso es lo que ellos se creen. Bueno, ya que estamos hablando de creer, yo creo que debemos de terminar este acto masivo de creyentes, con el credo internacionalista. (*Alza los brazos.*) Creer o muerte. (*Gritando.*) Creeremos. (*El* LOCO DOS *lo aplaude.* LOCO UNO *baja del banco todo emocionado.*)

LOCO DOS: Comandante, comandante, ríase que lo están fotografiando para una revista extranjera. Comandante, comandante, no vaya por allí, que les tienen una emboscada. Venga por acá, comandante, que por allí hay muchos contracreyentes. Comandante, ahora que estamos solos, permítame que le diga un chisme. Oigame, comandante, a mí me parece, yo creo, a mi entender, comandante, posiblemente, tal vez, quizás, a lo mejor, podría ser, pero parece ser, comandante. (*Mira hacia todos lados.*) Ya aquí no hay quien crea. (*Ambos corren y se esconden detrás del banco, luego asoman las cabezas y van saliendo lentamente. Caminan hasta el frente del banco y de frente al público comienzan a marchar en el mismo lugar.*)

LOCO UNO: Llevamos diez días caminando.

LOCO DOS: Llevamos cinco semanas caminando.

LOCO UNO: Llevamos un mes caminando.

LOCO DOS: Llevamos diez meses caminando.

LOCO UNO: Llevamos un año caminando.

LOCO DOS: Llevamos mucho tiempo caminando y nunca llegamos.

LOCO UNO: Detrás de aquella montaña, ¿ves?
LOCO DOS: Hemos llegado a la montaña y no llegamos.
LOCO UNO: Al cruzar el río, ¿verdad?
LOCO DOS: Ya cruzamos el río y no llegamos.
LOCO UNO: ¿Ves aquel valle? Después del valle, entonces sí, entonces sí que llegamos.
LOCO DOS: Ya pasamos el valle y no hemos llegado.
LOCO UNO: (*Lucen cansados.*) Me estoy cansando, tenemos que llegar.
LOCO DOS: No te canses, vamos a llegar.
LOCO UNO: Los que se cansan no llegan.
LOCO DOS: Los que se cansan nunca llegan.
LOCO UNO: Nosostros no estamos cansados. (*Ríe.*)
LOCO DOS: Pero llegaremos.
LOCO UNO: Es cuestión de perseverancia.
LOCO DOS: Y de paciencia.
LOCO UNO: De no vagancia.
LOCO DOS: (*Huele en el aire.*) Qué fragancia.
LOCO UNO: Ni apatía.
LOCO DOS: ¿Y con ansia?
LOCO UNO: De ascendencia.
LOCO DOS: Decadencia.
LOCO UNO: ¿Democracia?
LOCO DOS: Simpatía.
LOCO UNO: Con la audacia.
LOCO DOS: De arrogancia.
LOCO UNO: Boberías.
LOCO DOS: No hay conciencia.
LOCO UNO: Qué incoherencia.
LOCO DOS: Coexistencia.
LOCO UNO: Disidencia.
LOCO DOS: Coincidencia.
LOCO UNO: La amnistía.
LOCO DOS: Indecencia.
LOCO UNO: ¿Comunistas?
LOCO DOS: ¿Y la Cia?
LOCO UNO: Y la Cia.
LOCO DOS: Porquería.

LOCO UNO: Policía.

LOCO DOS: ¿Policía?

LOCO UNO: Policía. (*Disimulado.*)

LOCO DOS: ¿Policía?

LOCO UNO: Policía, sí, policía. Corre, escóndete, que por ahí viene la policía. (*Ambos corren y se esconden en laterales opuestos.*)

LOCO DOS: (*Como si estuviese jugando al escondido.*) Yo sé donde tú estás. Te voy a encontrar.

LOCO UNO: Frío, frío, frío, frío.

LOCO DOS: Te voy a encontrar. (*Se acerca al* LOCO UNO.)

LOCO UNO: Frío, frío, frío, frío, (*Ríe.*)

LOCO DOS: Te voy a encontrar.

LOCO UNO: Caliente, caliente, caliente. Frío, frío, frío, frío. Caliente. Frío. Caliente. Frío, frío frío . . .

LOCO DOS: ¿A qué te encuentro, va?

LOCO UNO: Frío, frío, frío, frío, frío, frío, congelado.

LOCO DOS: Te voy a encontrar, te voy a encontrar, ahora sí . . .

LOCO UNO: (*Le hace señas con las manos.*) Frío, frío, frío. No oyes, que frío.

LOCO DOS: Ahora si que te voy a encontrar.

LOCO UNO: (*Se para.*) Tú no quieres encontrarme.

LOCO DOS: Ahora sí, ahora sí. ¿A qué ahora, sí, que te encuentro?

LOCO UNO: Tú no me encuentras porque no quieres encontrarme. Eso es lo que te pasa. Si tú quisieras, tú me encontrabas. Eres tan tonto como los demás. Buscan y buscan y nunca encuentran. Y al final, al final se dan cuenta que en realidad no había buscado lo suficiente como para encontrar. Tú eres el único engañado.

LOCO DOS: (*Se le acerca.*) Ya, ya te encontré. Te encontré. (*Ríe.*) Ya te encontré. No te me escondas más, que me da mucho miedo. Pensé que te habías ido. (*Se dan un abrazo.*)

LOCO UNO: (*Se sientan.*) Me siento cansado, vamos a descansar un poco. Hemos caminado mucho y todavía nos falta mucho para llegar.

LOCO DOS: ¿Para llegar?

LOCO UNO: Sí . . .

LOCO DOS: ¿Para llegar a dónde?
LOCO UNO: (*Mira lentamente hacia el público.*) Allí, allí donde están ellos.
LOCO DOS: ¿Allí? ¿Y para qué tú quieres llegar a donde están ellos? ¿Tú estás loco?
LOCO UNO: Coño, tú te imaginas poder llegar allí? Usar una corbata como ellos. Tener un cepillo de dientes como ellos. Usar espejuelos como ellos. Ponerte calzoncillos limpios como ellos. Yo quisiera llegar allí. Todos ellos tienen un nombre, Juan o José. Miguel o Rafael. Todos tienen un nombre. Todos tienen un santo.
LOCO DOS: Nosotros también tenemos un santo, ¿no?
LOCO UNO: Sí. San Loco.
LOCO DOS: Yo no quisiera llegar hasta allí.
LOCO UNO: ¿Por qué no?
LOCO DOS: El mundo de ellos está peor que el mundo de nosotros.
LOCO UNO: ¿Por qué? ¿Por qué tu dices eso?
LOCO DOS: Porque sí. Nosotros no necesitamos todas esas cosas que ellos necesitan.
LOCO UNO: ¿Qué cosas?
LOCO DOS: Ellos, necesitan jabón. Ellos, necesitan pasta de dientes. Ellos necesitan perfume. Ellos necesitan automóviles. Ellos necesitan tener que estar a la moda. Se cortan el pelo igual. Se pintan igual. Se tienen que afeitar las caras y las piernas. Ellos tienen que tener iglesias. Fíjate si ellos están peor que nosotros, que ellos tienen que tener ejércitos y policías. Yo no quiero ser como ellos. Ellos se roban unos a los otros. Se matan unos a los otros. Se oprimen unos a los otros. Y además ellos se pasan la vida riéndose de nosotros. Ellos no se dan cuenta que no son todos los que están.
LOCO UNO: (*Se ríe.*) ¿Tú te has visto en un espejo?
LOCO DOS: No. ¿De qué te ríes?
LOCO UNO: ¿Tú no te has visto en un espejo?
LOCO DOS: ¿Que me voy a ver en un espejo?
LOCO UNO: (*Se ríe.*) Busca un espejo, anda. Búscame un espejo.
LOCO DOS: (*Va y coge un espejo en el carrito.*) Aquí tienes el espejo.

LOCO UNO: Mírate. ¿Cuánto hace que tú no te miras en un espejo?

LOCO DOS: Hace mucho tiempo.

LOCO UNO: (*Ríe.*) Pues, mírate, mírate ahora.

LOCO DOS: Yo no quiero mirarme ahora. No. Ahora no tengo ganas.

LOCO UNO: Excusas.

LOCO DOS: No tengo ganas.

LOCO UNO: Excusas. No te busques más excusas. Mírate ahora.

LOCO DOS: Está muy oscuro. No me podré ver bien.

LOCO UNO: No busques más excusas de nuevo y acaba de mirarte en el espejo.

LOCO DOS: (*Va hacia el cesto de basura.*) Ay, ay, ay, me ha dado tremendo dolor de barriga. Ahora, sí, que no me puedo mirar en el espejo.

LOCO UNO: (*Le pone el brazo por encima.*) Mira, loco, ésas son excusas que tú te has inventado. Todos nos las inventamos. Por eso es que estamos tan jodidos. Por buscarnos excusas. Siempre encontramos una excusa para todo. Y con eso lo único que hacemos es justificar nuestra pereza, nuestra apatía, nuestra indiferencia. Tú no te quieres mirar en el espejo porque tienes miedo. Tú sabes que tú estás loco. No quieres reconocerlo. Tu cara es de loco. Y por eso es que no quieres mirarte en el espejo. Tienes miedo. Eso es lo que te pasa. Miedo. Simplemente eso. Miedo, miedo, miedo . . .

LOCO DOS: Mentira. (*Se aparta.*)

LOCO UNO: Loco, tú tienes miedo mirarte en el espejo.

LOCO DOS: Mentira, yo no tengo miedo montar en los caballitos.

LOCO UNO: Miedoso, cobarde. (*Le apunta con el espejo.*)

LOCO DOS: Mentiroso. Cállate que se van a creer que es verdad. Yo no le tengo miedo al dentista.

LOCO UNO: Miedoso.

LOCO DOS: Yo no te le tengo miedo al mar, ni le tengo miedo a la noche.

LOCO UNO: Entonces mírate en el espejo, miedoso.

LOCO DOS: ¿Tú crees que yo tengo miedo? Yo no le tengo miedo ni a las ranas ni a los lagartos.

LOCO UNO: (*Ríe.*) Cara de loco. Tienes miedo y no quieres aceptarlo.

LOCO DOS: (*Se enfurece.*) Yo no le tengo miedo al electro shock, ni a la silla eléctrica, ni a los paredones. Yo no le tengo miedo a nada ni a nadie. Yo no tengo miedo. (*Se echa a llorar gritando.*) Yo no soy cobarde. Yo no tengo miedo. Mentira. Verdad. Mentira. Verdad. Yo no tengo miedo. Sí, tengo miedo. No tengo miedo. Sí, tengo miedo. No, no, no, no, tengo miedo. Sí, tengo miedo. No, no tengo.

LOCO UNO: (*Corriendo por todo el escenario.*) Mírate, mírate, mírate, mírate. Cobarde, mírate, mírate. Coño, mírate, mírate, cobarde. (*El* LOCO UNO *le va mostrando el espejo al público a la vez que corre de un lugar a otro. Se lo muestra al* LOCO DOS *y se ríe enloquecido. Trata de que el público se vea en el espejo. Para de correr y poco a poco va doblando el espejo para el comenzar a mirarse. Parece tener miedo verse en el espejo. Finalmente logra mirarse en el espejo. Se queda serio, mirándose fijamente. Comienza a reírse a carcajadas hasta caer al suelo. El* LOCO DOS *se arrastra por el suelo hasta el* LOCO UNO. *Lo carga por los hombros.*)

LOCO DOS: Oye loco, ¿qué te pasa, te has vuelto loco?

LOCO UNO: ¿Loco yo?

LOCO DOS: Sí, loco tú.

LOCO UNO: ¿Loco yo?

LOCO DOS: Sí loco tú.

LOCO UNO: (*Ríe.*) ¿Loco, loco, loco?

LOCO DOS: Loco, loco, loco, loco, loco.

LOCO UNO: Pero, ¿loco, loco, loco, loco?

LOCO DOS: Sí, loco, loco, loco, loco, loco.

LOCO UNO: (*Corre hacia encima del banco.*) Pues, entonces lo coloco.

LOCO DOS: ¿Me coloca, a mí?

LOCO UNO: Sí, lo coloco.

LOCO DOS: (*Riendo.*) ¿Y de qué me va a colocar?

LOCO UNO: (*Gritando.*) ¡Lo coloco de presidente de las Naciones Unidas!

LOCO DOS: ¿Presidente de las Naciones Unidas? Allí, ¿con tantos locos?

LOCO UNO: Por eso mismo lo coloco . . .

Recojan las serpentinas que se acabó el carnaval

Esta obra está dedicada a los que luchan sinceramente por Los derechos humanos en la América Latina.

Personajes

EL GENERAL—Bajito, calvo y feo. Parece indestructible. Es - dículo y a veces simpático. Se cree inmortal. (Edad 65 años)
ORLANDO—Buen tipo. Calmado e inteligente. Cojea de la pierna izquierda (Edad 38-45)
LEVITA—Inteligente y sensual. Fuerte y agresiva. (Edad 40)
CORONEL FACUNDO—Chauvanista e impávido. Agresivo y peligroso. Pesado y físicamente fuerte. (Edad 45-50)
MANOS DE SEDA—Alto y a veces delicado. Sanguinario y sarcástico. Adulón y desconfiado. Tiene un brazo artificial, siempre tiene un guante negro en la mano izquierda.
EL NIÑO—Medio retardado pero muy peligroso. Romántico y cruel. Aliado fiel del general. (Edad 36-44)
EL JIBARO—Humilde. Guerrero eterno. Celoso y simpático. (Edad 40)
OFICIAL—Disciplinado. Militarísimo y fuerte. (Edad 28-35)
PERIODISTAS—Típicos y preguntones como siempre. (Edades 24-30-40)
EL PUBLICO—No deben de ser simpatizantes de Castro ni Pinochet, de Marcos ni Duvalier, de Ortega ni Somoza, de Batista ni Trujillo, de Hitler ni Stalin y mucho menos de Kadaffy ni Kho-

meny.
EL TEMA MUSICAL—*"Guajira de la Unidad"* *(Piero)* *y* *"The Ballad of the Fallen"* *de (Charlie Haden y Carla Bley)*

La acción transcurre en algún país de Latinoamérica ahora, antes o despúes. Toda la obra se desarrolla en el interior de la oficina presidencial, en el palacio del presidente de la nación. La decoración es mixta, elegante y rídicula, colonial y moderna. Detrás del escritorio del presidente se encuentra una enorme ventana con un arco de vitrales en colores de estilo español. Por la ventana se divisan algunos techos entre los que sobresale la torre de la catedral. Supuestamente entre la catedral y el palacio del presidente se encuentra la gigantesca Plaza de la Nación. En la plaza se hacen grandes concentraciones cada vez que al GENERAL *se le antoja. A la derecha del escenario está una enorme puerta de madera por la que se harán todas las entradas y salidas del escenario. Al fondo, a la derecha de la ventana que da a la Plaza de la Nación, hay un enorme cuadro con una pintura del* GENERAL *cuando era joven y revolucionario.*

PRIMER ACTO

ESCENA UNO

EL GENERAL *está sentado mirando hacia la plaza. Se escucha una vieja danza de Cervantes. Al rato entra el* CORONEL FACUNDO *muy agitado.* EL GENERAL *se asusta.*

CORONEL FACUNDO: General, lo agarramos. Nos costó trabajo, pero lo agarramos.

EL GENERAL: (*Asustado y contento.*) ¿No me digas que dieron con la culebra?

CORONEL FACUNDO: Lo agarramos tratando de cruzar la frontera.

EL GENERAL: ¿Está vivo?

CORONEL FACUNDO: Sí, está vivo. Tiene unos cuantos huesos rotos, pero está vivo.

EL GENERAL: Mátenlo.

CORONEL FACUNDO: ¿Cómo?

EL GENERAL: Que lo maten.

CORONEL FACUNDO: Pero, General, usted dijo que lo quería vivo.

EL GENERAL: Sí, pero ahora lo quiero muerto.

CORONEL FACUNDO: Pero ya la prensa sabe que lo capturamos vivo.

EL GENERAL: (*Gritando.*) ¡A la prensa me la paso yo por aquí! (*Se señala el fondillo.*) ¡Mátenlo! ¡Digan que trató de escaparse! ¡Inventen algo, pero mátenlo!

CORONEL FACUNDO: Pero General, ¿cómo vamos a decir que intentó escaparse si tiene las piernas rotas? Yo sé que usted a la prensa se la pasa por ahí, pero seguramente que ya la noticia está en la calle. Había hasta cámaras de televisión en el hospital.

EL GENERAL: A la televisión me la paso por aquí. (*Se señala el fondillo.*) Mátenlo, he dicho, mátenlo. ¿No me oyes?

MANOS DE SEDA: Con su permiso, General. (*Le habla al oído al* CORONEL FACUNDO.)

EL GENERAL: Habla alto, Manos de Seda. Ustedes saben que los hombres no andan con secreticos.

MANOS DE SEDA: General, La Culebra ha muerto.

EL GENERAL: (*Con una sonrisa sarcástica.*) ¿Cómo que ha muerto?

MANOS DE SEDA: Sí general, murió hace unos minutos.

CORONEL FACUNDO: Pero, ¿cómo murió? Yo lo dejé vivito y coleando.

MANOS DE SEDA: (*Haciéndose el sentido.*) Me puse a interrogarlo. No quiso colaborar, no dijo ni pío. Se me fue un poco la mano. Se ahogó.

EL GENERAL: (*Va y le pone una mano en el hombro.*) Ay, Manos de Seda, eres como un niño. Siempre que te traen a un prisionero nuevo, es como si te dieran un juguetico nuevo, se te da en la vena del gusto. En vez de Manos de Seda, te deberían de llamar Manos de Acero.

EL CORONEL FACUNDO: ¿Y ahora qué les vamos a decir a los periodistas?

EL GENERAL: (*Burlándose.*) ¿Qué les vamos a decir? Lo mismo que siempre les hemos dicho. Se suicidó, o se murió del corazón, trató de escaparse, o se ahogó tomando agua. La sed que tenía el pobrecito. Gracias, Manos de Seda, gracias en el nombre del pueblo. Ese porquería ya llevaba demasiado tiempo vivo. Ya me había agotado la paciencia. El que a hierro mata a hierro muere. (*Camina hacia el bar, coge tres copas y sirve ron.*) Vamos a brindar. Haré los arreglos necesarios para que te den el rango de coronel. (*Les entrega las copas.*) Porque un guerrillero muerto es un guerrillero bueno. Coronel Facundo, que desaparezcan el cadáver.

Apagón

ESCENA SEGUNDA

Se escucha a la multitud gritando en la Plaza de la Nación: General, General, General, General . . . EL GENERAL *está en el balcón hablándole al pueblo. Detrás de él, la Comandante* LEVITA, *el* CORONEL FACUNDO, *el Comandante el* NIÑO, *el Ministro de Asuntos sin Importancia,* EL JIBARO *y* ORLANDO, *ideólogo del partido y único miembro civil de la Junta Revolucionaria.*

EL GENERAL: Y cuando ellos se creían que estaban ganando, yo me reía. En el extranjero los periódicos se hartaban con noticias falsas. Con noticias difamatorias. Publicaban en primeras páginas las fotos de los guerrilleros. (*Se ríe.*) Entre comillas, "de los libertadores de la patria". Con entrevistas del supuesto Comandante Culebra. (*Sarcástico.*) Que en paz descansa. Ese supuesto Comandante Culebra decía que él y sus seguidores pretendían libertar la patria. Eso es lo que publicaban los periódicos extranjeros. (*Toma agua.*) Y yo les pregunto a ustedes ahora mismo, ¿ustedes creen que nuestra nación tiene que ser liberada? (*La multitud grita: ¡No!*) ¿Ustedes creen que nuestra nación necesita más derechos humanos? (*La multitud contesta ¡No!*) ¿Ustedes creen que nuestra soberanía debe de estar atada a los antojos de los del Norte, o los del Sur, o del Este o del Oeste? (*La multitud contesta varias veces: ¡No! ¡No! ¡No! ¡No!*) ¿Aquí hay libertad o no hay libertad? (*La multitud contesta: ¡Sí!*) Hoy nuestra revolución cuenta con todo un pueblo armado listo para defenderla cuando sea necesario. Hoy nuestra revolución cumple veinte años. Hoy nuestra revolución les dice no a los que pretenden intimidarnos. Desde hoy, mis hermanos coterráneos, no más periodistas extranjeros en nuestra nación. No más cámaras de televisión mostrando lo que a ellos les conviene mostrar. Sabemos que hay muchos infiltrados en nuestra nación. Tenemos que capturarlos y ajusticiarlos, sea como sea. Comenzando hoy mismo tendremos estado de sitio indefinidamente y el toque de queda será a las siete de la noche. ¿Están de acuerdo? (*La multitud contesta: ¡Sí, señor!*) Y para terminar, hagamos todos el juramento revolucionario. (*Se siente a la multitud gritando el juramento. Los que están en la oficina también lo gritan.*) ¡Sangre por la patria, sangre por la paz, sangre por la victoria, sangre por la libertad! Por la revolución . . . (*Multitud: ¡Sangre!*) ¡Por la revolución! . . . (*Multitud: ¡Sangre!*) ¡Por la nación! . . . (*Multitud: ¡Libertad o sangre! Todos aplauden.* EL GENERAL *entra muy orgulloso y satisfecho. Todos lo felicitan.*)

LEVITA: Felicidades, General. Usted sigue siendo el hombre fuerte.

EL GENERAL: Oigan a ese pueblo. Me erizo de la emoción. Es increíble cómo me apoyan, me admiran y me quieren.

EL NIÑO: Yo no me explico cómo puede haber degenerados que no estén de acuerdo con usted. (*Ríe como idiota, je, je.*)

CORONEL FACUNDO: Lo admiro mucho, General. Cuánto daría yo por tener esa virtud. Me siento muy orgulloso de poder estar a su lado. (ORLANDO *está parado medio apartado, el General lo ve y va hacia él.*)

EL GENERAL: Y tú, ¿qué me dices, Orlando?

ORLANDO: Lo felicito, me pareció un buen discurso. General, ahora que estamos todos aquí reunidos, deberíamos tener una reunión relámpago y cambiar un poco de impresiones. Muy pocas veces tenemos esta oportunidad.

EL JIBARO: Me parece muy buena idea.

EL NIÑO: ¿Reunirnos ahora? El General debe de estar cansado. Además hoy es día de celebrar. Deja eso para el lunes, compañero.

ORLANDO: Claro, además hoy es viernes. Ya debes de tener todo empacado para irte hacia tu casa de campo.

EL NIÑO: No es por eso que lo digo. Lo digo por el General. Tenemos bastante tiempo para runirnos. Y, por favor, no me menciones más la casa de campo, que muy merecida que la tengo.

LEVITA: Yo estoy de acuerdo con Orlando. Creo que nos deberíamos de reunir ahora.

EL JIBARO: Sí, sí, vamos a reunirnos. Eso me recuerda cuando estábamos en la conspiración.

EL GENERAL: Recuérdate que ahora eres parte del gobierno. Ya no se conspira. Ahora se gobierna.

EL JIBARO: Llevamos veinte años en esto y todavía no me acostumbro. Todavía me parece estar escondido en los sótanos, en los gallineros y en las cuevas.

EL GENERAL: Bueno, vamos a ver. ¿De qué quieres hablar, Orlando?

ORLANDO: General, siempre he admirado su optimismo, pero me parece que estamos cantando victoria muy prematuramente.

EL GENERAL: Vamos al grano.

ORLANDO: Según el informe rendido por el departamento de investigaciones, hay más de 15,000 hombres alzados en las montañas.

CORONEL FACUNDO: Mientras estén en las montañas, eso no es ningún problema.

ORLANDO: (*Ignorando a* FACUNDO.) En el extranjero, los exilados políticos se están organizando cada día más. Nuestros agentes no han podido destruir la conspiración urbana. Ni han podido detectar quiénes son los líderes.

EL GENERAL: ¿Y?

ORLANDO:Si usted ha estado leyendo los periódicos extranjeros, se dará cuenta que ya no contamos con el apoyo que teníamos hace unos años atrás.

EL GENERAL: A los periódicos extranjeros me los paso por aquí. Perdóname la expresión, Comandante Levita.

EL NIÑO: El informe que tú leíste no refleja la realidad de la situación. Mis hombres están más que capacitados para aplastar cualquier tipo de insurrección. (*Se escucha una fuerte explosión que viene de afuera. Todos reaccionan y miran por la ventana.*)

ORLANDO: Ya podemos comprobar lo preparados que están tus hombres. Y ese bombazo que acaba de sonar, ¿qué es lo que es, un saludo al General?

EL GENERAL: Quiero que me capturen a quien haya puesto esa bomba. Tráiganmelo aquí frente a mí, ¿entendido? Orlando, yo meditaré sobre lo que hemos conversado. La reunión ha terminado.

ORLANDO: General, es importante que hagamos algo. Si no hacemos reformas, la subversión se aprovechará del descontento del pueblo.

EL GENERAL: ¿Qué descontento? Y ese millón de personas que gritaba en la Plaza de la Nación, ¿esos no cuentan? Además, a la subversión tú sabes por donde yo me la paso. (EL GENERAL *sale de la oficina y tira la puerta.*)

EL NIÑO: Tú siempre quieres joderme en frente del General. Olvídate de la subversión. Tú no eres el que tiene que salir a batirte. Déjales eso a mis hombres. Ellos saben lidiar con esos criminales.

ORLANDO: El estado llama ley a su propia violencia y crimen a la del individuo.

EL JIBARO: Habló el filósofo.

ORLANDO: Nada resulta más sorprendente para el que examina los asuntos humanos con mirada filsófica que la facilidad con que la mayoría es gobernada por la minoría.

LEVITA: Etc., etc., etc.

ORLANDO: Es importante que los informes que se le entreguen al General sean reales. De lo contrario se está gobernando con una realidad totalmente diferente a la realidad que hay allá afuera.

EL NIÑO: (*Sirviéndose ron en el bar.*) Está bien, Orlando. Yo mismo me voy a ocupar de eso. Pero, viejo, vamos a celebrar un poco. Son veinte años de gobierno. No te das cuenta, mi hermano, veinte años contra viento y marea. Vamos a darnos un abrazo revolucionario. (EL NIÑO *va y los abraza a todos.*)

CORONEL FACUNDO: El abrazo de la victoria.

EL JIBARO: Recuerden que la verdad está de nuestro lado. (*Todos se abrazan.* FACUNDO *le pone una mano sobre las nalgas a* LEVITA, *ella se la aparta.* ORLANDO *se zafa del abrazo y se retrae. Se escucha la música de un himno. Las luces se van apagando.*)

ESCENA TERCERA

El General está sentado en su silla del escritorio. En la oficina se encuentran ORLANDO, LEVITA *y el* CORONEL FACUNDO. *Todos sostienen varios papeles oficiales en sus manos. Una vez iluminado el escenario, entra un oficial.*

OFICIAL: (*Se cuadra.*) General, ya llegó el empresario extrajero.

EL GENERAL: Dígale que en seguida lo atenderé. (*El* OFICIAL *sale.*)

CORONEL FACUNDO: Si desea, nos podemos quedar con usted, así lo podemos ayudar en las negociaciones.

EL GENERAL: No hay problema, Coronel Facundo. Yo sé perfectamente cómo manejar a estos empresarios.

LEVITA: Pues, entonces nos retiramos.

ORLANDO: Por lo visto, hoy va a ser un día muy largo para usted.

EL GENERAL: Rusos, chinos y americanos. Todos están muy interesados en nuestro humilde país. (EL GENERAL *los acompaña hasta la puerta. Cuando ellos salen, él va y se mira en un espejo. Se arregla el uniforme, se peina, recoge un poco el escritorio, se sienta y coge varias poses, finalmente da la orden de que entre el* EMPRESARIO. *Medio engolado.*) Adelante. (*Entra el* EMPRESARIO. *Con su traje wash & wear, una maletica y un sombrero de Panamá. El* OFICIAL *entra con él y lo presenta. Se cuadra.*)

OFICIAL: General, éste es el Sr. Empresario Mr. Burkintown. (*Sale.*)

EL GENERAL: Oh, welcome, welcome. How are you, Mr. Burkintun?

EMPRESARIO: (*Con acento.*) Buenos días, Sr. mi General.

EL GENERAL: Very pretty, you speak Spanish. How was your airplane to here?

EMPRESARIO: You mean, my flight. Mi viaje fue mucho agradable. Sr. mi General, quiero felicitarlo en la nombra de mi empresa por los twenty años que cumplió tu gobierno para aquí.

EL GENERAL: Thank you very much in the name of the people

and our revolutionary junta. (*El* EMPRESARIO *abre su maletica y saca varios papeles. Saca unos tabacos y le brinda uno al* GENERAL.) Thank you, muchas gracias, yo tengo, si desea uno de los míos. (*Saca un tabacón de diez pulgadas.*)

EMPRESARIO: Oh, no gracias. Thank you very much, con esto tengo muy suficiente. (*Ambos encienden sus respectivos tabacos.*)

EL GENERAL: ¿En qué les podemos servir, Mr. Burkintun?

EMPRESARIO: Nuestra empresa está interesada en construir un gran parque de diversiones aquí en su país.

EL GENERAL: ¿Un parque de diversiones?

EMPRESARIO: Sería el más grande del mundo fuera de los Estados Unidos.

EL GENERAL: (*Fumando su tabacón.*) Un parque de diversiones. ¿Y por qué en nuestro país?

EMPRESARIO: Su país es el perfecto. Su temperatura, su gente, su cultura y, por supuesto, su punto geográfico. Su país es el indicado para eso.

EL GENERAL: Nuestro punto geográfico. ¿Y qué clase de diversiones ustedes ofrecerían? No me vaya a decir que cohetes nucleares o submarinos atómicos.

EMPRESARIO: (*Se ahoga con el humo del tabaco.*) No, no, no. En el parque de diversiones, jamás. Eso iría en el terreno de al lado. Para serle sincero, Sr. mi General, nosotros le ofrecemos comprarle toda la zona pantanosa que tiene su país. Nosotros nos encargaríamos de rellenarla. Allí fabricaríamos el parque de diversiones and the military base. (*Lo último lo dice enredado.*)

EL GENERAL: Ya me extrañaba a mí. Ay Burkintun, cuando usted iba, yo ya venía.

EMPRESARIO: What? ¿Cómo dice usted, Sr. mi General?

EL GENERAL: Que por allí está la salida.

EMPRESARIO: Veinte millones de dólares cash para usted y veinte millones para que los reparta entre sus compañeros revolucionarios.

EL GENERAL: The door. (*Señala la puerta.*) That is the door, out.

EMPRESARIO: Cincuenta millones para usted, Sr. mi General, y cincuenta millones para lo otros.

EL GENERAL: Imbécil, no te das cuenta que yo no necesito dinero. Yo lo tengo todo. Este país es mío de norte a sur y de oeste a este. Yo no necesito ni tus dólares ni tus bases. Yo lo tengo todo. Los traficantes de drogas me ofrecen dinero. Los canadienses me ofrecen dinero. Los checoslovacos me ofrecen dinero. Ustedes me ofrecen dinero. ¿Qué carajo se creen ustedes, que yo soy prostituta? Denme helicópteros, tanques y cañones para acabar con los guerrilleros. Yo no necesito dólares. Aquí en mi nación sus dólares no valen nada.

EMPRESARIO: Muy bien, Sr. mi General. Hablaré de eso cuando llegue a mi empresa. Como dijo MacArthur, yo regresaré.

EL GENERAL: Si no me trae tanques, helicópteros y cañones, no se moleste, Mr. Burkintun.

EMPRESARIO: Muy bien, Sr. mi General, pero me gustaría saber qué creen sus compañeros revolucionarios acerca de su decisión. ¿Ellos estarían de acuerdo con usted?

EL GENERAL: (*Se para enojado.*) Mire, Mr. Burkintun, ya le dije que por allí está la salida. Lárguese de aquí antes de que sea muy tarde. En el sótano tenemos unos cuantos calabozos vacantes.

EMPRESARIO: (*Se levanta y se va muy molesto.*) Mi nombre no es Burkintun, es Burkintown.

EL GENERAL: Go to hell, Burkintown, ¡al carajo! (*El* EMPRESARIO *sale.* EL GENERAL *se para de frente al cuadro donde él está joven, vestido de guerrillero.*) ¿Qué podría comprar yo con 50 millones de dólares?

OFICIAL: (*Se cuadra.*) General, ¿desea usted atender ahora al Sr. Breshenikovich?

EL GENERAL: Está bien, pero dile que sea breve, tengo tremendo dolor de barriga. Dile que entre. (*El* OFICIAL *sale a buscar a* BRESHENIKOVICH. EL GENERAL *busca una pose interesante. Entra el* OFICIAL *con* BRESHENIKOVICH.)

OFICIAL: (*Se cuadra.*) General, el Sr. Breshenikovich. (*Sale.*)

EL GENERAL: Bienvenido a nuestra nación, camarada Breshenikovich.

BRESHENIKOVICH: (*Parte por encima del* GENERAL *y le da dos besos y un abrazo.* EL GENERAL *se sorprende.*)

Tovarich, tovarich. Ser una magnífica alegría el poderlo besar. Hacía mucho tiempo que quería tener el grande y magnífico placer de conocerlo.

EL GENERAL: (*Sarcástico.*) Siempre me ha impresionado lo amistosos que son ustedes. Siéntese, camarada, siéntese. (BRESHENIKOVICH *jala la silla y la pone al pie de la del* GENERAL.)

BRESHENIKOVICH: General, sé que su tiempo está limitado. Ya me lo informó su lacayo. Entonces iremos al grano, ¿es correcto?

EL GENERAL: Usted dirá.

BRESHENIKOVICH: Sabemos que los imperialistas les han estado coqueteando acerca de los terrenos que ustedes tienen en venta al este de la nación. ¿Correcto?

EL GENERAL: No es correcto, camarada. Nosotros no tenemos ningún terreno a la venta. Le informaron mal.

BRESHENIKOVICH: Vamos, vamos, General. Nuestros agentes KGB no se equivocan tan fácil.

EL GENERAL: Mire, camarada, aquí el único que decide que se vende soy yo. Le repito, aquí no hay ningún terreno de venta. Dígale a sus agentes que esta vez, sí, se equivocaron.

BRESHENIKOVICH: Mis agentes también han informado que sus montañas están llenas de hombres armados y que sus soldados ya no pueden hacer nada. Y que usted está desesperado buscando a ver quién le vende tanques, helicópteros y cañones. ¿Cierto o no, camarada general?

EL GENERAL: Usted ha venido a comprar o a vender. Porque si está interesado en vender, ahora mismo podemos hacer negocios. (EL GENERAL *saca otro tabacón y lo prende.*)

BRESHENIKOVICH: Sí, nos interesa vender, pero con una condición. Le vendemos todas las armas que usted necesite, siempre y cuando nos permita usar parte de esos terrenos, no todos, sino parte solamente.

EL GENERAL: (*Haciéndose el inocente.*) ¿Y para qué querrían ustedes esos terrenos, camarada Breshenikovich? No me vaya a decir que para una montaña rusa.

BRESHENIKOVICH: Necesitamos una base de operaciones para los movimientos de los yanquis.

EL GENERAL: En otras palabras, una base de espías.

BRESHENIKOVICH: Si así usted desea llamarle. Si acepta, en menos de una semana le comenzamos a enviar todas las armas que sean necesarias.

EL GENERAL: Ay, camarada, lo que menos nosotros necesitamos ahora aquí es una guerra de espías. Si ustedes desean, les compramos las armas y les pagamos con dólares o con azúcar o café. Pero eso de instalar una base de operaciones aquí en nuestro territorio, mientras yo sea le máximo líder de la nación, jamás.

BRESHENIKOVICH: Bueno, General, no sé si podría convencer a nuestros aliados del Caribe para que no le den armamentos a los guerrilleros que luchan en sus montañas.

EL GENERAL: (*Enojado.*) A los guerrilleros me los paso por aquí. Mire, Camarada, chantajes conmigo, ¿sí que no? Dígales a sus aliados del Caribe que no se atrevan a tirar piedras, que se recuerden que ellos también tienen el techo de cristales. Creo que la reunión ha terminado.

BRESHENIKOVICH: Piénselo bien, General. No sea que después le pese.

EL GENERAL: (*Lanza algo contra la puerta.*) Adiós, camarada, dele rápido que me duele la barriga. (*El* OFICIAL *entra al oír el golpe en la puerta.*)

OFICIAL: General, ¿sucede algo?

EL GENERAL: Enséñale a este idiota por donde está la salida.

BRESHENIKOVICH: Si yo fuese un dictador como usted, lo pensaría dos veces.

EL GENERAL: Dicatadora será su madre allá en el Kremlin. Fuera de aquí peste a oso. (EL GENERAL *entra hacia la izquierda. El* OFICIAL *casi empuja a* BRESHENIKOVICH *hacia afuera. Se escucha el sonido de un inodoro bajándose.*)

Las luces se apagan.

ESCENA CUARTA

Es de tarde y llueve afuera. El CORONEL FACUNDO *juega ajedrez con* ORLANDO. *Se escucha música de quena de los Andes.*

CORONEL FACUNDO: Sabía que eso iba a suceder.

ORLANDO: ¿Y por qué no hiciste algo?

CORONEL FACUNDO: Ya estoy cansado de pedir y pedir para que no me den nada. En la última asamblea presenté un reporte bien claro. Le pedí al Ministerio de Guerra un presupuesto mayor para comprar helicópteros. ¿Y qué me dieron? Una miseria. Terminé comprando dos avionetas que casi ni vuelan. Pedí para comprar diez tanques y terminé comprando tres tanquetas que necesitan ser empujadas para que anden y luego consumen más gasolina que el carro del General.

ORLANDO: Facundo, ¿tú nunca te has puesto a pensar quiénes son los guerrilleros?

CORONEL FACUNDO: ¿Cómo que quiénes son los guerrilleros?

ORLANDO: Sí, ¿quiénes son los hombres y las mujeres que se meten a guerrilleros? Son gentes igual que tú y que yo, con una excepción. Son gentes descontentas, totalmente marginadas. ¿Cuánto hace que tú no vas al campo?

CORONEL FACUNDO: No hace mucho fui de cacería.

ORLANDO: No, Facundo. Al campo de verdad. A las montañas, a lo valles. A hablar con los campesino. ¿Cuánto hace que tú no visitas un rancho o un bohío? A eso es a lo que yo me refiero. Esa es la gente que ayuda a los guerrilleros. Ellos les dan sus frutas, sus gallinas, sus puercos, si es que los tienen.

CORONEL FACUNDO: Eso no es verdad, Orlando. Los guerrilleros asaltan a los campesinos y les roban todas sus cosas. Les roban a sus hijos y los arrastran para llevárselos a pelear junto a ellos. Tú sabes muy bien quiénes dirigen las guerrillas. Los campesinos ayudan a los guerrilleros porque los engañan, los adoctrinan . . .

ORLANDO: A eso es lo que yo me refiero, Facundo. Los engañan y los adoctrinan, ¿por qué? Porque son ignorantes, analfabetos. Acuérdate, hace veinte años cuando nosotros estábamos luchando en las montañas, por qué nos ayudaban los campesinos.

CORONEL FACUNDO: Porque la dictadura nunca había hecho nada por ellos.

ORLANDO: ¿Y tú crees a conciencia que nosotros hemos hecho algo por ellos?

CORONEL FACUNDO: Yo sí lo creo. Por lo menos a muchos de ellos los hemos metido en las milicias populares, los hemos llevado, o traído, mejor dicho, a la capital. El ministerio de las escuelas ha hecho muy buena labor, se han construido muchas escuelas.

ORLANDO: Qué bien se ve, Facundo, que tú no conoces la realidad de tu pueblo. Tú estás muy metido en tu mundo de uniformes y medallas, de tanques y cañones. Ese es el problema de nuestra gente en el gobierno.

CORONEL FACUNDO: Tú te crees que tú eres el único sabiendo. El intelectual de la revolución. Yo sé perfectamente lo que está pasando. ¿Qué tú crees, que yo estoy durmiendo?

ORLANDO: Durmiendo no, pero sí estás en un letargo. Eso es lo que pasa contigo, con Manos de Seda, con el Niño. Hay que salir del letargo, Facundo. Mira lo que le pasó a Duvalier en Haití, o a Marcos en las Filipinas. Si no nos despabilamos, muy pronto estarán entrando los campesinos a la capital, pero esta vez vendrán armados. Y habrá que rendirse.

CORONEL FACUNDO: Primero muerto antes que rendirme. (*Entra* EL GENERAL.)

EL GENERAL: Aquí no se rinde nadie . . . ¿De qué están hablando?

CORONEL FACUNDO: De nada importante, General.

EL GENERAL: (*Jocoso.*) Pues, eso se lo dejan al Jíbaro que es el ministro de Asuntos sin Importancia. ¿Quién está ganando?

CORONEL FACUNDO: Nosotros estamos ganando. Cada día que pasa los guerrilleros son menos.

EL GENERAL: No me refiero a la guerra, me refiero al ajedrez.

CORONEL FACUNDO: Ah, el ajedrez. Orlando está arriba.

EL GENERAL: Orlando siempre ha sido un gran jugador de ajedrez. Si pudiésemos aplicar tus tácticas a la guerra, ya habríamos barrido las montañas y los valles. A mí siempre me ha gustado el ajedrez. Tú que sabes tanto, Orlando, ¿quién inventó ese jueguito?

ORLANDO: Se lo atribuyen al griego Palamedes, rey de Eubea, dicen que también inventó los dados. Según se cree, lo inventó durante el sitio de Troya para distraer a los guerreros durante los días de inacción. Hay quienes dicen que el ajedrez viene de los persas, o tal vez de los chinos quienes se lo dieron a conocer a los árabes.

EL GENERAL: A mí me gusta más el juego de damas. Es más rápido y sus soluciones más precisas.

ORLANDO: ¿Quieren oír un cuento sobre el ajedrez?

CORONEL FACUNDO: Se jodió el juego ya.

EL GENERAL: Hazlo, de tus cuentos siempre se aprende algo.

ORLANDO: Dicen que el inventor se lo ofreció a su superior, al rey. El rey, encantado, le ofreció una recompensa. Le dijo, 'pide lo que quieras'. El pidió un granito de trigo para el primer escaque.

EL GENERAL: ¿Esca-qué?

ORLANDO: Un escaque es uno de los cuadritos estos.(*Le señala el tablero de ajedrez.*) Bueno. Uno para el primero, dos para el segundo, cuatro para el tercero y así sucesivamente. Siempre duplicando el número de los granos de trigo hasta llegar hasta la última casilla, la número 60. Pues entonces el rey ordenó a uno de sus ministros que le concediera al inventor lo que le había pedido, era una petición tan modesta. Pero entonces cuando sacaron cuenta e hicieron el cálculo final, descubrieron que ni utilizando a todos los graneros del imperio hubiesen bastado para contener la cantidad de granos de trigo pedida por el inventor. La cantidad equivalía a un cubo de más de un kilómetro de largo. ¿Qué les parece?

EL GENERAL: (*Se ríe a carcajadas.*) Las apariencias engañan. Qué bueno está eso. (*Se sienta en su escritorio.*)

CORONEL FACUNDO: Vamos a parar aquí. Lo continuamos otro día.

ORLANDO: (*Se para.*) General, ¿usted leyó el último informe del Departamento de Guerras?

EL GENERAL: No, ¿por qué, qué dice?

ORLANDO: Léeselo, tú, Coronel Facundo.

CORONEL FACUNDO: (*Va y coge el informe.*) Bueno, básicamente el informe dice que han visto a varios guerrilleros en los alrededores de Pueblo Viejo.

EL GENERAL: A varios guerrilleros, ¿a cuántos?

CORONEL FACUNDO: A varias decenas.

EL GENERAL: A varias decenas. Diez, veinte, treinta, ¿a cuántas decenas han visto?

CORONEL FACUNDO: A más de cien, General.

EL GENERAL: ¿A más de cien decenas o más de cien guerrilleros?

CORONEL FACUNDO: A más de cien guerrilleros.

EL GENERAL: Y tú, ¿qué esperas para eliminarlos?

ORLANDO: El único puente que unía a la capital con Pueblo Viejo fue volado antes de anoche.

EL GENERAL: ¿Y por qué no manda a los paracaidistas?

CORONEL FACUNDO: No tenemos suficientes paracaídas. Además el avión está roto.

EL GENERAL: (*Enojado.*) ¿Tú oíste eso, Orlando? Que no tenemos suficientes paracaídas. (*Camina hacia el frente del cuadro.*) Y que el avión está roto. ¿Y las piezas que se mandaron a buscar a través de Canada?

CORONEL FACUNDO: Hubo un problema con el cheque, no tenía fondo.

ORLANDO: General, hace tiempo que se lo vengo diciendo. Alguien está malversando los fondos del Departamento de Guerras.

CORONEL FACUNDO: (*Defensivo.*) Del Ministerio de Guerras solamente no. También se están malversando los de las escuelas y las obras públicas.

EL GENERAL: Hay que sacudir al árbol para que caigan las frutas podridas.

ORLANDO: Tenemos que empezar sacudiendo nuestro propio árbol primero, General. (EL GENERAL *se queda mirando fijamente a* ORLANDO.)

CORONEL FACUNDO: El Ministerio de Reformas Agropecarias está en quiebra. Ninguno de los tractores andan.

EL GENERAL: ¿Quién está a cargo de ese ministerio?

ORLANDO: Su hermano menor.

EL GENERAL: ¿Ladislao? Yo creía que él estaba a cargo de la Tesorería Nacional.

ORLANDO: No, ése es su hermano mayor.

EL GENERAL: Ah, verdad que sí, caramba, ese es Troadio. Con Troadio sí que no hay problemas, ése siempre ha sido un hombre honesto y de buenas costumbres.

ORLANDO: Pues mire, General, ya casi no hay dinero ni para imprimir más fotos suyas.

EL GENERAL: Pero, ¿cómo es posible? Se me prometió que el dinero para el Departamento de Asuntos Fotográficos no se tocaría. Es muy importante que ahora que nuestro gobierno acaba de cumplir 20 años se distribuyan fotos mías por toda la nación. (*El* CORONEL FACUNDO *y* ORLANDO *se miran de reojo.*)

ORLANDO: General, es muy importante que convoquemos una asamblea general de emergencia con todos los ministros y los miembros del Partido Revolucionario Periférico Central. Tenemos que informarle a todo el mundo del inminente peligro que se aproxima.

EL GENERAL: Pero, ¿tan grave es la situación?

CORONEL FACUNDO: Creo que sí, General. No quería alarmarlo, pero lo cierto es que las guerrillas continúan avanzando. Cuando se enteraron de la muerte de La Culebra, tal parece que se han llenado de rabia.

EL GENERAL: Pues, tenemos que hacer una denuncia a las Naciones Unidas, hay que dejarle saber al mundo que estamos siendo atacados por el norte, por el sur, por el este y por el oeste.

ORLANDO: No creo que las Naciones Unidas puedan hacer nada por nosotros.

EL GENERAL: Tienen que hacer algo, esto es una conjura internacional. Tanto los soviéticos como los yanquis quieren vernos enterrados. Y en el Caribe hay bases de guerrilleros para ser dirigidos contra la soberanía de nuestra nación.

ORLANDO: Créame, General, hay que estar preparados para lo peor.

EL GENERAL: ¿Qué sería lo peor? ¿Que abandonásemos la nación? ¿Que huyamos con el rabo entre las piernas, como Somoza, Batista o Marcos? Eso sería lo peor para ustedes, los que huirían. Para mí, no, yo pelearé hasta la última bala, como Allende. Y cuando se me terminen las balas, usaré mi bayoneta, mi espada, mis navajitas de afeitar. Y cuando todo eso se me termine, ordernaré que vuelen todos los puentes y todos los edificios que tenemos minados. Pueda que tomen a la nación, okay, pero la tomarán hecha cenizas.

CORONEL FACUNDO: General, usted sabe que muy pocas veces estoy de acuerdo con Orlando. Esta vez creo que tiene razón, debemos de llamar a una asamblea general.

EL GENERAL: Ya me entró dolor de barriga, siempre que me hablan de esta cosa, me da dolor de barriga. Convocaré una asamblea general el lunes a primera hora. (*Comienza a caminar hacia el inodoro.*) Que vengan todos. Los de la vigilancia de barriadas, los estudiantes, los maestros y los bomberos, los dirigentes de las recogidas del café, del tabaco y del azúcar. La policía, la marina, la fuerza aérea y el ejército también. Que vengan todos. (ORLANDO *y el* CORONEL FACUNDO *se tapan la nariz y se van de la oficina.*) Los del poder popular y todos los miembros del partido. (*Las luces se van apagando.*) Manos de Seda, Levita, El Jíbaro y ustedes dos deben de estar puntuales. Que no me falle nadie. Es una orden.

Apagón.

ESCENA QUINTA

La luz comienza a entrar por la ventana. Todos están reunidos. EL GENERAL *se pasea por la oficina mientras habla. Se encuentran presentes el* CORONEL FACUNDO, MANOS DE SEDA, EL NIÑO, LEVITA, ORLANDO *y* EL JIBARO. *Todos fuman tabacos.*

EL GENERAL: Y esa es la razón por la cual se ha convocado esta reunión extraordinaria. Vamos a discutir aquí en privado, entre nosotros, antes de enfrentarnos a la asamblea general. Sé que a ustedes no les gusta levantarse temprano los lunes por la mañana. Pero no me quedó más remedio que hacerlos madrugar. Para no perder tiempo, vamos a ir al grano. A ver, tú, compañero Manos de Seda, danos tu informe.

MANOS DE SEDA: Mi informe es corto. Estuve en la universidad dirigiendo unas investigaciones. Interrogué a unos 50 estudiantes que fueron arrestados durante una manifestación estudiantil.

CORONEL FACUNDO: Esos no eran estudiantes, ésos eran delincuentes comunes.

MANOS DE SEDA: Bueno, delincuentes o estudiantes, la cuestión es que nuestro departamento de investigaciones ha llegado a la conclusión que todos los estudiantes son delincuentes comunes.

ORLANDO: ¿Por qué dices eso?

MANOS DE SEDA: Porque cualquiera que se atreva a hacer manifestaciones en contra de nuestro general, es porque está en contra de los intereses de la nación y quien esté en contra de los intereses de la nación es un delincuente común, ¿es o no es, Coronel Facundo? (*Se ríe como un idiota.*)

ORLANDO: Los cuervos arrancan los ojos a los muertos cuando ya no les hacen falta; pero los aduladores (*Mira a* MANOS DE SEDA.) destruyen las almas de los vivos cegándoles los ojos.

MANOS DE SEDA: Adulador no. Compañero y amigo.

ORLANDO: Los aduladores tienen la apariencia de amigos, como los lobos tienen la apariencia de perros.

MANOS DE SEDA: Más perro serás tú. Siempre con tu filosofía barata.

EL GENERAL: Solamente quiero informes. No discusiones estúpidas. Manos de Seda, tú tienes toda la razón. Esos no eran estudiantes, eran criminales comunes. A ver tú, Coronel Facundo, dame tu informe.

CORONEL FACUNDO: (*Observa a* ORLANDO.) Mis hombres llevaron acabo una emboscada en los alrededores de Boca del

Puma. La emboscada no pudo ser un éxito total, ya que los subversivos estaban mejor armados que mis hombres. Ellos tenían hasta zapatos. Eso les permitió correr mejor por los pedregales y se escaparon.

ORLANDO: ¿Qué tú quieres decir con eso, Coronel Facundo, que los soldados no tienen zapatos?

CORONEL FACUNDO: Algunos, no todos.

EL GENERAL: (*Escribe.*) No todos los soldados tienen zapatos. (*Observa.*) A ver tú, Niño, ¿tienes algún informe?

EL NIÑO: Claro que sí, mi General. Nuestro Departamento del Interior trabajando en el Exterior, gracias a varios contactos que se han hecho en el extranjero. Hemos podido conseguir cinco computadoras Atari. En estos momentos éstas son las computadoras más famosas en los Estados Unidos. Tienen una variedad de entretenimientos, tremenda. Ya están siendo instaladas en nuestras oficinas.

EL GENERAL: ¿Y para qué sirven esas computadoras?

EL NIÑO: ¿Que para qué sirven? Desde ahora en adelante, nuestros miembros del Departamento de Investigaciones del Interior en el Exterior, no se aburrirán en sus horas de inacción. En vez de jugar ajedrez, monopolio o damas, que son juegos pasados de moda, tendrán computadoras con una variedad de juegos, incluyendo al de Pac Man. ¿Qué le parece, mi General?

EL GENERAL: Me parece un brillantísima idea. Quiero que mañana me instalen una de esas computadoras en mi oficina. A veces me vuelvo loco de aburrimiento. Esa será una buena solución. Gracias, Niño, ¿algo más?

EL NIÑO: Eso es todo por el momento, mi General.

EL GENERAL: Comandante Levita.

LEVITA: General, los círculos de protección para los vecindarios están funcionando a las mil maravillas. Cada día recibimos más reportes. Cada día hay más denuncias. El pueblo continúa respondiendo a la llamada de la Junta Revolucionaria y al de usted. En ese sentido, todo está bajo control.

EL GENERAL: Me alegra mucho el escuchar eso. Muy bueno, Levita, muy bueno. Comandante Jíbaro, ¿qué hay contigo?

EL JIBARO: Sr. General y compañero. Señores compañeros de la gloriosa junta revolucionaria de la nación. Yo quiero informarles a ustedes que el Departamento de Asuntos sin Importancia cada día que pasa se vuelve más importante. Por ejemplo, la recogida de sellos viejos y de latas vacías ha sido un verdadero éxito. Por ejemplo, la brigada Jazmín Díaz, encargada de la recogida de semillas, me reportó que la ofensiva de las semillas de naranja había superado a la de las semillas de mangos y la de la de aguacates y que, si todo sigue yendo bien, en menos de un mes superaremos la recogida de los veinte millones de semillas de guanábanas. Ese es mi informe, a mí me parece fenomenal.

EL GENERAL: ¿Alguna otra semilla que reportar?

EL JIBARO: No, mi general. Gracias, compañeros.

EL GENERAL: Compañero Orlando, es tu turno.

ORLANDO: Más que reportar, deseo comentar.

CORONEL FACUNDO: Allá va eso . . .

ORLANDO: (*Mira al* CORONEL FACUNDO.) Compañeros, la realidad que nosotros estamos viviendo aquí dentro de esta oficina es totalmente diferente a la que se vive allá afuera en las calles de la nación.

MANOS DE SEDA: Eso ya lo sabemos.

ORLANDO: En unas cuantas horas nos vamos a enfrentar a la asamblea general. Hablaremos de lo mismo, repetiremos lo mismo, se hablará de soluciones que nunca vendrán. Mientras tanto, allá afuera salen mujeres reclamando a sus seres, supuestamente desaparecidos.

CORONEL FACUNDO: Esas son prostitutas amigas y familiares de los subversivos.

LEVITA: Déjenlo hablar, compañeros.

ORLANDO: Allá afuera los estudiantes protestan porque nuestros soldados se sientan en sus aulas a supervisar sus clases. Esos estudiantes, a los cuales aquí se les llaman delincuentes, tienen las mismas inquietudes que teníamos nosotros cuando luchábamos en contra de la dictadura colonial. Ellos hablan y piden libertad, aquí nosotros hablamos de como suprimirles esa libertad. (EL GENERAL *se pone inquieto y comienza a frotarse la barriga*.) Cuanto más altos estemos situados, más humildes debemos de ser. En las montañas las filas de los guerrilleros aumentan cada día más. Sabemos que son armados y dirigidos desde el extranjero. Pero, ¿por qué hay guerrilleros? Porque hay descontento. Lo he dicho y lo seguiré repitiendo. Mientras en nuestra nación exista el hambre, el analfabetismo, la brutal explotación de los campesinos y la violencia hacia el pueblo, las puertas estarán abiertas de par en par para que se cuelen todas las doctrinas extranjeras que están asechando a nuestra nación.

EL GENERAL: Basta ya con tu informe, Orlando.

ORLANDO: Espérese un momento, General. Quiero decirles esto, aquí, ahora, porque luego lo voy a repetir en la asamblea general. Compañeros, estamos solos, rodeados de hambrientos. Nuestro gobierno se ha corrompido. Sabemos que hay quienes están negociando con el contrabando de drogas. Usted sabe muy bien, General, que algunos de nuestros compañeros han hecho grandes depósitos de dinero en bancos extranjeros. Tenemos que aceptar la realidad. Ya a nuestra revolución se le murió el romanticismo. Nos hemos convertido en opresores. La descomposición de todo gobierno comienza por la decadencia de los principios sobre los cuales fue fundado. General, tenemos que cambiar de rumbo. O vamos a la democracia o estamos totalmente perdidos.

CORONEL FACUNDO: Estás hablando como hablan los subversivos.

ORLANDO: Estoy hablando como hablan los que tienen los pies sobre la tierra y los que verdaderamente quieren el bien para nuestra nación.

EL GENERAL: (*Medio enojado.*) Dime una cosa, Orlando. ¿Tú no te consideras un hombre libre?

ORLANDO: General, yo soy libre solamente en la medida en que reconozco la humanidad y respeto la libertad de todos los hombres que me rodean.

EL GENERAL: Aclárame una cosa, ¿entonces tú crees que yo soy qué, un dictador?

ORLANDO: Usted solo, no General. Todos somos miembros de este carnaval mal llamado Junta Revolucionaria. Eso es lo que yo creo, General. Creo que esto es un carnaval y que nosotros somos mamarrachos disfrazados de revolucionarios y con esa musiquita hemos engañado a nuestro pueblo por veinte años. (*Saca un papel del bolsillo.*) Mire, General, esto es lo que el pueblo está escribiendo en las paredes: (*Lee.*) El árbol de la libertad sólo crecerá cuando se le riegue con la sangre de los tiranos.

EL GENERAL: Manos de Seda, a todo el que cojan escribiendo eso en las paredes, que lo maten en el lugar del crimen. ¿Ya terminaste?

ORLANDO: Vuelvo a decirlo y le prometo que será la última vez. O nos vamos hacia la democracia o nos vamos al carajo.

EL GENERAL: Orlando, al carajo vas a ir tú. Hace tiempo que me vienen informando sobre tus declaraciones a mis espaldas. Ahora te has atrevido a hablar delante de mí. Siempre he admirado tu osadía. Creo, compañero Orlando, que tú no puedes continuar en nuestra gloriosa junta. Me parece que tú piensas como los traidores.

ORLANDO: Eso no es ser traidor, General. Eso es ser realista.

CORONEL FACUNDO: Cállate la boca, coño, está hablando el General.

ORLANDO: La democracia sustituye las designaciones que efectúa una minoría corrompida por las elecciones que efectúa una mayoría que puede ser competente.

EL GENERAL: Cállate ya, Orlando. Me das asco y dolor de barriga.

ORLANDO: Donde vive la mentira, la verdad siempre es hiriente.

EL GENERAL: Que te calles, te he dicho.

ORLANDO: General, su problema es el mismo de todos los dictadores. A ninguno les interesa escuchar la verdad.

CORONEL FACUNDO: ¿¡Cómo te atreves a llamarle dictador al General?! General, yo pido que arresten a Orlando. Creo que se ha vuelto un ser muy peligroso para la revolución.

ORLANDO: Tú siempre tan imbécil y adulón.

EL GENERAL: ¡Arréstenlo! (EL NIÑO, EL JIBARO *y el* CORONEL FACUNDO *sacan sus pistolas y se las apuntan a* ORLANDO. LEVITA *se queda inmóvil.*) Llévenselo de mi presencia, soy capaz de cualquier cosa. (*Sacan a* ORLANDO *a empujones.* EL GENERAL *saca un rollo de papel sanitario de la gaveta del escritorio.* LEVITA *lo observa, camina hacia la puerta.*)

LEVITA: Sabía que esto iba a suceder algún día. General . . . lo sabía. (*Cierra la puerta.*)

Apagón

ESCENA SEXTA

Aparece EL GENERAL *solo en la oficina, luce despeinado y embriagado. Se escucha una melodía muy antigua.* EL GENERAL *camina sosteniendo una copa de brandy. La música termina,* EL GENERAL *va y repite el mismo disco. Camina hacia el frente de la fotografía de él cuando era guerrillero. Se para y observa la foto, entonces comienza a conversar con ella.*

EL GENERAL: Cuando te tomaron esa fotografía no te dijeron que te metías en camisa de once varas. (*Ríe.*) Te engañaron, guerrillero. Te engañaron cuando te hicieron revolucionario y héroe. Revolucionario y héroe. Eres como ellos . . . y ellos son como tú, la misma porquería. (*Ríe.*) La nación era una letrina llena de cucarachas disfrazadas de politiqueros, de gansters y prostitutas. La nación era una verdadera porquería y ayudaste a construirla, ayudaste a limpiarla. Nacionalizaste las poquitas industrias . . . Le diste orgullo a las masas. (*Ríe.*) La masa imbécil y analfabeta. (*Bebe.*) Pusiste el nombre de la nación en el mapa del mundo. Ya te conocen dondequiera, guerrillero. (*Bebe.*) ¿Y ahora qué? (*Se sirve más brandy.*) Ahora te comparan con los más despreciables, con los miserables. (*Ríe.*) Por ahí andan diciendo que eres peor que Trujillo y Duvalier juntos. Que eres más terrible que Castro y Pinochet . . . que Batista y Somoza son niños de teta al pie de ti. (*Bebe.*) Te comparan con los peores y no saben que a todos esos tú te los pasas por los timbales. Pero no te preocupes, guerrillero, recuerda que el fin justifica los medios y aunque ellos te condenen ahora, algún día, algún día, sí, la historia te absolverá. (*Tocan a la puerta.* EL GENERAL *se toma el brandy que queda en la copa, pone la botella en el bar, se arregla un poco el uniforme y el pelo. Corre hasta su asiento para caer sentado con su pose preferida.*) Adelante. (*Entra el* OFICIAL *y se cuadra.*)

OFICIAL: General, llegaron los tres periodistas. Quieren entrevistarlo hoy mismo, dicen que mañana irán a entrevistar a un líder guerrillero.

EL GENERAL: ¿Son importantes?

OFICIAL: Creo que sí, mi General. Son de tres periódicos muy importantes.

EL GENERAL: Bueno, está bien, diles que pasen, pero adviérteles que deben de ser breves, muy breves. Cuenta hasta treinta, entonces déjalos pasar. (*El* OFICIAL *sale.* EL GENERAL *recoge un poco el escritorio. Comienza a contar hasta treinta. Se para en la ventana mirando hacia la Plaza de la Nación contando en voz alta; al llegar a treinta entra el* OFICIAL *con los tres periodistas.*

OFICIAL: Con permiso, General. Aquí están los señores periodistas. (*Los periodistas se quedan parados mirando al* GENERAL *que está de espaldas a ellos. Después de unos segundos,* EL GENERAL *se voltea y los observa, camina con mucho estilo hasta su asiento, se sienta, enciende un tabacón, echa el humo hacia el aire.*)

EL GENERAL: Bueno, ustedes, ustedes dirán.

PERIODISTA UNO: Sr. General, ¿es cierto que Orlando, el único miembro civil de la junta, aún guarda prisión y se encuentra incomunicado?

EL GENERAL: (*Se ríe.*) El Sr. Orlando está en su casa, tranquilo y sano, escribiendo sus memorias de los tiempos de la clandestinidad, una especie de historia de la revolución, desde el punto de vista de él, por supuesto.

PERIODISTA DOS: Pero dicen que hace más de dos años que nadie lo ve. Apareció una carta publicada donde le Sr. Orlando expresa su total disidencia con la junta.

EL GENERAL: (*Fumando.*) ¿A quién le van a creer, ustedes? ¿A la cartica que cualquiera pudo haber escrito, o a mí que siempre he sido un hombre sincero y franco y que no me gustan las mentiras?

PERIODISTA TRES: Sr. General, hay varias versiones acerca de los guerrilleros que están alzados. Se estima que hay más de veinte mil hombres sobre las armas.

EL GENERAL: (*Interrumpiendo.*) Eso es mentira, falso, falso, incierto. No llegan ni a diez mil. ¿Veinte mil? Qué exageración es esa.

PERIODISTA DOS: Entonces, es cierto que hay guerrilleros alzados.

EL GENERAL: (*En apuros.*) Esos en realidad no son guerrilleros. Esos son unos cuantos bandoleros, traficantes de drogas, unos pobres diablos apoyados desde el Caribe. Esos no representan al pueblo de mi nación. Esos son agentes imperialistas, o soviéticos, enemigos de nuestra soberanía, de nuestra constitución.

PERIODISTA UNO: General, nunca se ha publicado nada acerca de su vida privada. Usted nos podría dar algunos datos sobre su vida, su pasado, su familia, su niñez.

EL GENERAL: Mire, señor, yo nunca tuve niñez, por lo tanto no puedo hablarle de mi niñez. Reyes Magos, cumpleaños, nochebuenas, yo nunca conocí eso. Tampoco les puedo hablar de mi familia, porque nunca tuve familia. A los cuatro años ya yo limpiaba zapatos y vendía periódicos. Mi casa era algún portal de donde no me echasen. No les puedo hablar de mi casa, porque nunca tuve una. Del único pasado que les puedo hablar es de mi pasado revolucionario, de cuando comencé a poner bombas y a hacer atentados. Cuando comencé a conspirar. Cuando me alcé en las montañas para luchar contra la dinastía tiránica que oprimía a mi nación. De ese pasado, sí, les puedo hablar, porque ahí es donde comienza mi vida. Hace treinta años comencé una revolución y hace veintidós comencé un gobierno revolucionario. Esa es mi vida privada, de la que ustedes quieren escribir. ¿De que si tengo o he tenido mujeres? ¿De que si tengo hijos? ¿De que si me masturbo todos los días? De eso no podrán escribir jamás, porque eso no les interesa a ustedes ni a sus lectores. Eso es mío, mi vida, mi privacidad. (*Hay un corto silencio.*) A ver, ¿alguna otra pregunta? Apúrense, que me duele la barriga.

PERIODISTA DOS: General, volviendo al tema de Orlando. A pesar de lo que usted nos dijo anteriormente . . . suponiendo que Orlando se convirtiese en una amenaza para su gobierno, tomaría usted algún tipo de represalia en contra de él.

EL GENERAL: Ya usted lo dijo. (*Se ríe.*) Si él hace algo en contra de mí, por supuesto que yo haría algo en contra de él. Recuérdese que en mi nación existe la ley de la pena de muerte. A los traidores aquí les damos paredón.

PERIODISTA TRES: General, existen rumores de que la razón por la cual la economía de la nación y la deuda externa están en tan malas condiciones, es porque ha habido muchos fondos malversados. Se dice que varios miembros de su gobierno han hecho depósitos de mucho dinero en bancos extranjeros y que . . .

EL GENERAL: (*Lo interrumpe gritando.*) ¡Eso es mentira, carajo! ¡Aquí nadie se ha robado nada, aquí no hay nada que robarse! ¡Esas son calumnias, malditas calumnias! ¡Inventos de los enemigos de nuestra revolución!

PERIODISTA UNO: Pero, General, existen pruebas . . .

EL GENERAL: (*Gritando con las manos en la barriga.*) ¡Qué pruebas ni que pruebas! Las pruebas me las paso yo por los timbales. Vayan y publiquen eso en sus libelos. ¡Váyanse al carajo los tres! ¡Cuénteselo al Pentágono o al Kremlin! ¡Díganle que el General se los pasó a ustedes por los timbales! (*Los tres periodistas salen corriendo asustados y asombrados.* EL GENERAL *se ríe satisfecho. Camina hacia el frente de su fotografía.*) ¿Ves lo que yo te decía, guerrillerito? Son una porquería. (*Se empina de la botella, lanza algo contra la puerta. Entra el* OFICIAL.)

OFICIAL: Dígame, General.

EL GENERAL: Quiero que mañana mismo construyan un calabozo aquí en la oficina.

OFICIAL: (*Confuso.*) General, no lo entiendo.

EL GENERAL: ¿Qué idioma tú hablas, chico?

OFICIAL: Castellano, mi General.

EL GENERAL: Pues, entonces vé y ordena lo que te he ordenado. Quiero que me construyan un calabozo aquí en mi oficina.

OFICIAL: ¿Un calabozo aquí, mi General?

EL GENERAL: (*Burlándose.*) Sí, sí, un calabozo aquí. Desde mañana mismo yo mismo me encargaré de vigilar al traidor Orlando. De ese modo se acabarán las carticas y los mensajitos. (*Dándose un trago.*) Tengo que cuidar los intereses de la nación, Oficial, si no lo hago yo, nadie lo va a hacer por mí. Se creen que están viviendo en Babilonia. Recuérdate, Oficialito, (*Se toca un ojo.*) el ojo del amo engorda al caballo.

Apagón

ESCENA SEPTIMA

Es de noche. La oficina está vacía. Entra MANOS DE SEDA *y se pasea por todo el escenario. Lo observa todo. Abre gavetas y libros como si fuesen de él. Se sirve un brandy. Pasa por frente del cuadro del guerrillero, se detiene frente a él y le brinda con la copa. Se detiene en la ventana y le brinda a una multitud imaginaria. Se sienta en la silla del* GENERAL, *saca un tabaco y lo enciende. En eso entra* LEVITA. MANOS DE SEDA *se ahoga con el humo de tabaco.*)

LEVITA: Te queda grande la silla, Manos de Seda.

MANOS DE SEDA: Y tú, ¿qué haces despierta?

LEVITA: Sufro del mismo desvelo que sufren todos en la junta. Párate de ahí. Para poder sentarse en esa silla, hay que reunir ciertos requisitos.

MANOS DE SEDA: (*Con el tabacón.*) ¿Cuáles son esos requisitos?

LEVITA: Pues, mira, número uno, ser tremendo embustero, con

eso tú no tendrías problema. Número dos, hay que estar casi descrépito. Tres, gustarte más la sangre que los propios vampiros. Cuatro, ensuciarte en las caras de tus semejantes sin sentir el más mínimo respeto por ellos. Y cinco, estar consciente de que tus días están contados.

MANOS DE SEDA: (*Se levanta.*) ¿Y a qué viene esa descarga a estas horas de la madrugada?

LEVITA: Estoy harta. Ya no aguanto más.

MANOS DE SEDA: Eso lo has venido diciendo desde que tomamos el poder.

LEVITA: Es verdad. Pero ahora, sí, que no aguanto más. Siento que me ahogo. Ya no nos podemos ni asomar a la ventana por miedo a los francotiradores. No salgo a la calle porque ya no confío ni en la escolta.

MANOS DE SEDA: Te estás volviendo paranoica.

LEVITA: Ya hemos dicho tantas mentiras que la verdad no la queremos creer. Ya estoy harta, Manos de Seda. Esto apesta, esto da asco. La pudrición ya ha inundado al palacio. (*Se echa a llorar.*) No quiero que me pase lo que a Orlando. Ahí está el pobre pudriéndose en un calabozo, casi desnudo y sin luz.

MANOS DE SEDA: Orlando es un traidor. Tú eres fiel a la junta y al General. Eso nunca te pasará a ti.

LEVITA: Eso sólo lo sabe Dios.

MANOS DE SEDA: ¿Dios? Pensé que tú tampoco creías en Dios.

LEVITA: Después de no haber creído por más de veinte años, eso sólo me ha probado su existencia.

MANOS DE SEDA: ¿Por qué dices todo eso? ¿Con quién has estado hablando?

LEVITA: Conmigo misma. Con el espejo. Con las paredes. Con las fotografías pegadas en los albumes de la revolución.

MANOS DE SEDA: Ay, Levita. Esto está duro. Créeme. Nuestros hombres tienen la moral bien alta. Esto va para rato.

LEVITA: ¿Tú me vas a dcecir que tú nunca has tenido miedo?

MANOS DE SEDA: (*Se da un trago.*) Claro que sí, siento miedo. Siento lo mismo que sientes tú. Con la diferencia que tú eres mujer. Tú puedes decirlo. Yo no. Yo no puedo admitir el miedo. Los machos no podemos admitir el miedo. Si decimos que tenemos miedo, dicen que somos maricones.

LEVITA: Siempre te ha preocupado mucho eso de que crean que eres homosexual. (*Va y se sirve un trago.*) ¿Por qué eso te ha preocupado tanto?

MANOS DE SEDA: ¿Qué cosa?

LEVITA: Que crean que eres homosexual.

MANOS DE SEDA: A mí eso no me ha preocupado.

LEVITA: ¿Por qué mandaste matar al Dr. Aldaña, el director del Diario Nacional?

LEVITA: Por hablar basuras. Jamás le he permitido a un hombre faltarme respeto.

LEVITA: Pero recuerdo que él había escrito algo acerca de tu masculinidad.

MANOS DE SEDA: El se atrevió a insinuar de que yo era maricón.

LEVITA: Y dime, Manos de Seda. ¿Qué fue de la vida de aquel muchacho que estuvo viviendo en tu casa por cerca de dos años? ¿Y que nosostros nunca pudimos conocer?

MANOS DE SEDA: ¿Javier? Tengo muy buenos recuerdos de Javier. Se fue a pelear en su país centroamericano y murió en combate. Javier era un verdadero revolucionario con todas la cualidades para haber llegado a ser líder.

LEVITA: Recuerdo una vez que te fui a visitar y él estaba casi desnudo. Fue la única vez que lo pude ver. Era un muchacho muy hermoso. Recuerdo de la bronca que tuviste con él en el cuarto. Nunca habíamos hablado de eso. Recuerda que nosotras las mujeres tenemos un sentido extra. Tú te crees que yo soy boba.

MANOS DE SEDA: (*Tomando rápidamente.*) ¿Por qué me recuerdas eso ahora?

LEVITA: Porque quiero que tú sepas que yo sé perfectamente bien lo que tú eres. Sé que eres homoxesual. Y tengo más de una prueba de eso. Pero no te preocupes, Manos de Seda, esto no es un chantaje ni cosa que se parezca. Simplemente quiero que confíes en mí. Se acercan momentos muy importantes y peligrosos para nosotros. Para la junta y para la nación. Y es importante que sepamos en quién confiar.

MANOS DE SEDA: Yo soy hombre, Levita. Yo soy hombre . . .

LEVITA: Puedes quitarte la máscara de macho conmigo.

MANOS DE SEDA: ¿Tú quieres que te pruebe que yo soy hombre? Te lo puedo probar ahora mismo.

LEVITA: Acostándote conmigo no probarías nada, Manos de Seda. Se es hombre o se es mujer o simplemente homosexual, como lo eres tú.

MANOS DE SEDA: Bueno, y si lo soy, ¿qué?

LEVITA: Entonces, lo aceptas.

MANOS DE SEDA: (*Bebiendo.*) Sí, lo acepto, ¿y qué?

LEVITA: ¿Y es por eso que siempre has odiado a Orlando?

MANOS DE SEDA: Orlando es un traidor. Yo seré homosexual, pero jamás he sido traidor. He sido más fiel que todos los hombres juntos de la revolución.

LEVITA: ¿Por eso torturaste a Orlando antes de ayer? ¿Por eso sacas uñas y mandas a matar? ¿Por eso es que siempre has pretendido ser el más macho de todos los machos? Siempre has querido ocultar tu debilidad pretendiendo ser lo que en realidad nunca has sido.

MANOS DE SEDA: (*Embriagado.*) No me insultes, Levita. Eso te puede costar muy caro.

LEVITA: Tú eres uno de los culpables principales de que todo esto se haya ido a la mierda.

MANOS DE SEDA: Mentira, Levita. Esto está más fuerte que nunca.

LEVITA: ¿Mentiras? ¿Qué diablos va a ser de nosotros? Si no me ayudas a salvar a Orlando, entonces, sí, que estamos perdidos. Perdimos la oportunidad de haber quedado en la historia como héroes. Ahora no. Ya es muy tarde, Manos de Seda. Quedaremos en la historia como satrapas, ladrones, asesinos, tiranos. Ya nada nos distingue de Castro o de Pinochet. Nos horrorizábamos con los Batistas y los Somozas, los Duvalieres y los Marcos. ¿Y ahora con qué moral podemos hablar de esos dictadores? (*Entra* EL GENERAL. MANOS DE SEDA *suelta la copa y se trata de cuadrar tambaleándose.* LEVITA *mira al* GENERAL *indiferentemente.* EL GENERAL *camina hacia su escritorio, apaga el tabaco que* MANOS DE SEDA *había dejado a medias.*)

EL GENERAL: Gracias, Levita, por compararme con esos famosos seres despreciables. Siempre supe que yo no te simpatizaba. Ya me enteré que estuviste largas horas en el calabozo del traidor Orlando.

LEVITA: Por favor, General. No le llames más traidor. Recuerde que hace veinticinco años él casi pierde la vida por la revolución y por usted.

EL GENERAL: La vida la perdieron los mártires. Los hombres que los tenían bien puestos. (*Mira de reojo a* MANOS DE SEDA.) Orlando lo único que perdió fue una pierna. Mírame a mí, tengo más de diez agujeros de balas en mi cuerpo. La subversión ha estado utilizando sus escritos y sus poemitas para joder. Pero desde ahora en adelante yo lo vigilaré personalmente y es por eso que he mandado a construir un calabozo aquí en mi oficina.

LEVITA: Eso es una injusticia y usted lo sabe. Antes de ayer Manos de Seda lo estuvo torturando. Yo me opongo al encarcelamiento de Orlando. Y desde hoy en adelante haré todo lo posible para liberarle.

EL GENERAL: Si te atreves a jugar con candela, te vas a dar la peor quemada de tu vida.

LEVITA: Tengo derecho a opinar dentro de la junta. Convocaré a una reunión de emergencia. Usted verá que los compañeros me apoyarán.

EL GENERAL: (*Mira a* MANOS DE SEDA.) ¿Tú la apoyas, Manos de Seda?

MANOS DE SEDA: (*Muy borracho.*) Yo creo que la revolución es del pueblo.

LEVITA: General, es importante que usted ponga en libertad a Orlando. Su nombre aparece en todas las paredes de la capital. Todo el mundo está hablando de Orlando.

EL GENERAL: Basta ya de mencionar ese nombre en mi presencia. Orlando es un traidor y todo el que lo defienda también es un traidor. No menciones más ese nombre.

LEVITA: General, si no lo quiere escuchar, vaya haciendo planes para marcharse ahora, porque mañana será muy tarde y cuando usted se asome a la Plaza de la Nación, el pueblo enardecido estará gritando el nombre de Orlando, Orlando, Orlando. (EL GENERAL *saca su pistola y le dispara a* LEVITA. LEVITA *cae al suelo y desde abajo saca su pistola y le dispara tres veces al* GENERAL, *el cual cae fatalmente herido.* MANOS DE SEDA *saca su pistola y le hace fuego a* LEVITA. LEVITA *rueda en el piso y le dispara a* MANOS DE SEDA. LEVITA *se incorpora y va hasta donde está* MANOS DE SEDA *y le da un tiro de gracia. Entonces se dirige hasta donde está* EL GENERAL. EL GENERAL *trata de hablar casi sin aliento.*)

EL GENERAL: Levita, traidora, ¿cómo te has atrevido? Esto te costará el paredón. Te fusilaré junto al traidor Orlando. (LEVITA *coge la pistola de* MANOS DE SEDA. *En la puerta están tocando fuertemente.* LEVITA *le dispara un tiro de gracia al* GENERAL *y exclama.*)

LEVITA: Ya es muy tarde, mi General. (LEVITA *va calmadamente y abre la puerta. Entran todos y se quedan asombrados al ver los cadáveres del* GENERAL *y de* MANOS DE SEDA.)

EL NIÑO: ¿Qué coño ha pasado aquí?

LEVITA: (*Fríamente.*) Manos de Seda se emborrachó y comenzó a discutir con nuestro General. El General le llamó homosexual. Manos de Seda sacó su pistola y le disparó al General. El general se defendió e hirió a Manos de Seda. Yo brinqué al frente del General para protegerlo y fui alcanzada por una bala. Cuando caí al suelo, Manos de Seda aprovechó y le hizo tres disparos más al General. Desde el suelo pude hacer blanco en el pecho de Manos de Seda. (*Camina hacia la silla del* GENERAL.) Las últimas palabras de nuestro general fueron, "Levita, cuídame bien a la revolución". Y yo le contesté, "pierda cuidado, mi General, la revolución está en muy buenas manos. Con la ayuda de nuestros compañeros, yo la cuidaré. Pierda cuidado, mi General". (*El* CORONEL FACUNDO *se aparta del grupo y se queda observando a* LEVITA. *Todos se quedan asombrados y confusos mirando a* LEVITA. *Las luces se van apagando hasta quedar un spot sobre el cadáver del* GENERAL *y otro sobre la foto en la pared.*)

SEGUNDO ACTO
ESCENA PRIMERA

Aparecen en el escenario el CORONEL FACUNDO, EL NIÑO, EL JIBARO *y* LEVITA *que se encuentra parada al pie del* GENERAL. *El cadáver del General lo han maquillado y lo han sentado en una silla de ruedas frente al público. Detrás del* GENERAL *está el* OFICIAL. *Este le mueve los brazos y la cabeza al* GENERAL *para hacerlo lucir que está vivo. Al lado izquierdo del escenario se encuentra el calabozo que el* GENERAL *había mandado construir. Detrás de la rejas está* ORLANDO. *En el público estarán sentados los tres actores que hacen de periodistas.* LEVITA *tiene un brazo vendado.*

CORONEL FACUNDO: Se abre la conferencia de prensa. Les rogamos que sean breves en sus preguntas. Como ustedes saben, el General sufrió un ataque cardíaco. Gracias a nuestros gloriosos doctores, se está recuperando a pasos gigantescos. Yo hablaré por el General . . . (LEVITA *camina hacia adelante interrumpiendo al* CORONEL FACUNDO.)

LEVITA: Está bien compañero, Coronel Facundo. Yo hablaré por el General. A ver, ¿quién tiene la primera pregunta?

PERIODISTA UNO: (*Desde el público.*) Sr. General, ¿es cierto que la capital está prácticamente rodeada por las guerrillas? (LEVITA *le acerca el oído al* GENERAL *como si éste le estuviera diciendo algo al oído. El* OFICIAL *mueve los brazos del* GENERAL.) Eso es propaganda del enemigo. Los guerrilleros están muy lejos de la capital, muy lejos.

PERIODISTA DOS: (*Desde el público.*) General, hay un rumor en la calle que aquí en su propia oficina hubo un tiroteo y que el Comandante Manos de Seda murió en el mismo. ¿Es cierto eso?

LEVITA: (*Acercándole la cabeza al* GENERAL.) Ya usted lo dijo, compañero periodista. Son rumores. Simples rumores. Tal parece que la CIA y la KGB no tienen nada mejor que hacer que crear falsos rumores.

PERIODISTA TRES: Sr. General, estoy seguro que usted debe de saber que en las paredes de las escuelas, de la iglesias, de las casas, por dondequiera aparecen letreros de "Viva Orlando". ¿Pudiera usted decirnos hasta cuándo piensa mantener a Orlando en prisión y sin hacerle juicio?

CORONEL FACUNDO: (*Camina hacia el frente.*) Eso lo contesto yo. Orlando es un traidor de la revolución y por eso tiene que estar donde le corresponde, (*Señala hacia* ORLANDO.) en el calabozo.

LEVITA: (*Habla sobre el* CORONEL FACUNDO.) Aunque Orlando está considerado un traidor, ya estamos considerando la posibilidad de ponerlo en libertad. (*Todos se sorprenden.*) Creemos que Orlando se puede volver a integrar a la junta y prestar sus servicios a la nación. Nuestra revolución también saber perdonar. (*El* CORONEL FACUNDO *se va de la oficina bruscamente.*) Bueno, vamos a ver, una pregunta más cada uno. El General se siente muy agotado.

PERIODISTA UNO: General, ahora que obviamente su salud está delicada, ¿ha pensado usted en algún sustituto para ocupar su puesto?

LEVITA: (*Le acerca el oído al* GENERAL.) Ah, muchas gracias, mi General. Dice el General que la única persona que él ha pensado que pudiese sustituirlo soy yo. Eso para mí es un verdadero honor. Muchas gracias, mi General, muchas gracias. (*Le da un beso en la frente al* GENERAL. *El cuerpo del* GENERAL *se va hacia adelante, el* OFICIAL *lo detiene y lo vuelve a echar hacia atrás.*)

PERIODISTA DOS: Sr. General, ¿ha usted considerado la posibilidad de irse de la nación en caso de verse derrotado?

LEVITA: (*Acerca su oído al* GENERAL.) Dice el General que jamás, que él morirá peleando, que huir jamás. (EL NIÑO *va hacia el frente.*)

EL NIÑO: Aquí no huye nadie. Aquí pelearemos hasta la última bala. (*Se ríe como un idiota.*) ¿Verdad, Jíbaro?

EL JIBARO: El pueblo está con la nación. La nación es del pueblo, la revolución es la nación, la nación es la junta, nosotros somos la junta y la junta es del pueblo, por el pueblo y para le pueblo. (ORLANDO *aplaude desde la reja, desganadamente.*)

LEVITA: Bueno, compañeros, la conferencia de prensa ha terminado. Por allí está la salida. (*Los tres periodistas se levantan y se van del público. Las luces se concentran en el escenario.*)

EL NIÑO: Compañera Levita, ¿usted no siente la peste que tiene mi General?

LEVITA: Claro que sí, la siento. Oficial, ande y llévese el cadáver del General, enciérrelo en el refrigerador de las carnes.

EL JIBARO: ¿Y qué vamos a hacer con el cadáver?

LEVITA: Por el momento, nada. Tenemos que esperar a ver si los periodistas se tragaron este acto.

EL NIÑO: No creo que sean tan imbéciles, je, je, je. (LEVITA *va y se sienta en el escritorio.* EL NIÑO *y* EL JIBARO *salen de la oficina. Las luces van cambiando sin llegar al apagón total.* LEVITA *se para y abre las ventanas, entra la luz del sol.* LEVITA *mira hacia la plaza. Entra un oficial con un plato de comida y un palo en la mano. Le entrega la comida a* ORLANDO *y entonces le pega un palo.*)

LEVITA: (*Gritando y avanzando hacia el* OFICIAL.) Idiota, ¿cuántas veces les voy a decir que no me maltraten a los prisioneros?

OFICIAL:Pero, mi Generala,el difunto General me dio las órdenes de sonarle un palo todas las mañanas.

LEVITA: El General está muerto. Ahora aquí la que manda soy yo. ¿Entendido?

OFICIAL: (*Se cuadra.*) Sí, me Generala. (*Se retira.* LEVITA *se sienta en el escritorio y comienza a hojear varios papeles.* ORLANDO *la observa desde las rejas.*)

LEVITA: ¿Por qué me miras así?

ORLANDO: Gracias.

LEVITA: (*Sin mirarlo.*) No hay de qué. Aprovecha y cómete tu comida tranquilo.

ORLANDO: Las otras noches me sorprendió y me sacó una uña del pie izquierdo.

LEVITA: Pensé que ya no te quedaban uñas. Haré todo lo posible porque la junta me acepte mi pedido para ponerte en libertad.

ORLANDO: Pareces tener el control de la situación.

LEVITA: Las apariencias engañan. Creo que me voy a volver loca.

(*Leyendo unos papeles.*) La deuda externa, el frente de batalla, la agresión imperialista, la infiltración de los comunistas, el azúcar, el tabaco y el café, todo eso me está volviendo loca.

ORLANDO: ¿Qué piensas hacer con el cadáver del General?

LEVITA: Quemarlo, esa carne no sirve ni para los tiburones. El pueblo se irá acostumbrando a la idea de que ya no es el General el que manda en la junta, ¿qué les interesa a esos pobres diablos? Los que me preocupan más son los mismos miembros de la junta. Sé que su complejo de machos no les permitirá aceptar a una mujer como líder de la junta. Por eso es que quisiera ponerte en libertad. Tú eres el único que puedes salvar esto. Los guerrilleros están avanzando, están ganando y tengo miedo.

ORLANDO: ¿Por qué no llamas a un diálogo con los líderes guerrilleros? Eso te ayudaría a ganar tiempo.

LEVITA: Esa sería la mejor excusa para el Coronel Facundo darme un golpe de estado. El está ansioso por sentarse en esta silla.

ORLANDO: Tú también estabas ansiosa, ¿no?

LEVITA: Es diferente. Tú bien sabes como pienso yo. Además, soy mujer, nosotras tenemos otro sentido del poder. Si pudiésemos volver a empezar . . .

ORLANDO: ¿Retroceder el tiempo?

LEVITA: Volver a aquellos tiempos cuando estábamos en las montañas, cuando éramos héroes aclamados por el mundo. Nunca me imaginé que las cosas tomarían este rumbo tan difícil.

ORLANDO: Tumbar a un gobierno es mucho mas fácil que gobernar.

LEVITA: Sobre todo cuando hay que gobernar con la mentira, con el látigo ensangrentado. Así no sirve, es terrible gobernar de esta manera. Han pasado todos estos años y tal parece que fue ayer. Casi treinta años de historia.

ORLANDO: Treinta años de historia perdida.

LEVITA: ¿Perdida?

ORLANDO: Todos los sustos, todas las lágrimas, toda la sangre derramada, todos los sacrificios, todos los muertos, todo eso se escribirá en una o dos páginas, si acaso. Páginas grises de nuestra historia.

LEVITA: Treinta años de carnaval. (*Pensativa. Entra violentamente el* CORONEL FACUNDO *acompañado por* EL NIÑO *y por* EL JIBARO. LEVITA *salta del susto.*)

CORONEL FACUNDO: Compañera Levita, me acaban de informar que usted se opene a que se le continúe dando mal trato a ese traidor.

LEVITA: (*Se incorpora.*) Sí, Coronel Facundo. Me opongo a que se maltraten a los presos políticos y mucho más me opongo a que se maltrate a Orlando.

CORONEL FACUNDO: Ningún maltrato ni tortura que se le haga a ese canalla nunca pagaría su traición a la revolución. Además, compañera, el hecho que el General la haya dejado encargada, temporalmente, de la junta, no significa que usted decida todos los destinos de la nación. ¿Entendido?

LEVITA: No, no está entendido, Coronel Facundo. El General me dejó encargada y yo se lo prometí que cuidaría de la junta, de la revolución y de la nación. Pero desde su muerte solamente me he encontrado con obstáculos y zancadillas. Y lo peor del caso es que los obstáculos no son de afuera solamente, sino que están aquí adentro. Y usted, Coronel Facundo, es uno de los peores obstáculos con los que yo me tropiezo.

CORONEL FACUNDO: (*Avanza hacia ella.*) Mire, compañera . . .

LEVITA: ¡Cállese la boca, ahora estoy hablando yo, la Generala! ¡Y cuando la Generala habla, es porque quiere que la escuchen! En primer lugar, que ésta sea la última vez que usted entre a mi oficina sin tocar a la puerta. Y desde ahora en adelante, todos se me cuadran. ¡Me oyeron,se me cuadran!

CORONEL FACUNDO: Pero, ¿qué diablos tú te has creído?

LEVITA: (*Gritando con las manos en la cintura.*) ¡Que se cuadre, he dicho! ¡Cuádrese, carajo! (EL NIÑO *y* EL JIBARO *se cuadran. El* CORONEL FACUNDO *la mira con mirada de odio.*)

CORONEL FACUNDO: Esto lo arreglaremos en la asamblea general del partido.

LEVITA: El partido, el partido. Acabe con la insurrección, con la infiltración, con la subversión, ande y acabe con los guerrilleros, con las huelgas de los obreros, termine los sabotajes.

Apriétese bien el cinturón, Coronel Facundo, y tráigame resultados. Luego hablaremos de asamblea del partido. Mire, Coronel Facundo, bájese del Mercedes Benz y súbase al tanque de guerra, hacia el frente, y el convoy lo estará esperando. ¿Se le ofrece algo más, Coronel Facundo? (*Los tres se retiran. Al llegar a la salida el* CORONEL FACUNDO *se detiene y mira a* ORLANDO *y a* LEVITA. *Entonces sale y tira la puerta.* ORLANDO *aplaude a* LEVITA. *Al tercer aplauso, apagón.*)

ESCENA SEGUNDA

En la ventana, EL NIÑO *sostiene al* GENERAL *por los hombros y* EL JIBARO *lo sostiene por la cintura, ambos lo mueven de manera que luzca que es el* GENERAL *quien está dando el discurso.* ORLANDO *está sentado en su calabozo mientras el* CORONEL FACUNDO *observa con preocupación lo que sucede en el balcón.* LEVITA *luce muy calmada sentada sobre el escritorio. Se ve una grabadora funcionando con un discurso en la voz del* GENERAL.

EL GENERAL: (*Voz grabada.*) A través de todos estos años ustedes han sido muy comprensibles. Como les explicaba antes, todo tiene un final. Yo les prometo seguir trabajando con la misma dedicación de siempre, continuaré guiando los destinos de la junta y de la nación, pero ya no haré más presentaciones públicas. Desde ahora en adelante la compañera Levita será la responsable de guiar la revolución, ella y los otros compañeros. Así que, compañeros de la nación, espero que ustedes le den su apoyo en la misma manera que siempre me lo han dado a mí. Por la nación, por los oprimidos, por los mártires, por los héroes, por la junta, por la revolución, por siempre lucharemos. (EL NIÑO *entra con el cuerpo del* GENERAL *y lo deja caer sobre una silla, el también se sienta y luce muy agotado.* LEVITA *sale hasta el balcón y saluda a la multitud.* LEVITA *regresa hacia adentro.*)

EL NIÑO: La próxima vez que lo cargue un toro. Este cadáver cada día pesa más. (EL JIBARO *cierra las ventanas.* LEVITA *se sienta en el escritorio.*)

LEVITA: Despreocúpese, compañero, ya no habrá que cargarlo más. Ya el pueblo se tiene que haber llevado el mensaje.

ORLANDO: Se puede engañar a una parte del pueblo todo el tiempo, pero a todo el pueblo solamente parte del tiempo.

CORONEL FACUNDO: Usted se calla, estúpido.

EL JIBARO: Yo creo que esta vez el traidor tiene la razón.

CORONEL FACUNDO: Debemos de cancelar la reunión que tenemos mañana con los miembros de la OEA.

EL NIÑO: No perderíamos nada y nos ahorraríamos unas cuantas botellas de whisky y de champán. Nunca he visto gentes que beban más que esos diplomáticos, je, je, je.

LEVITA: (*Muy pensativa.*) La embajada de China nos pasó una invitación. Tenemos que inventar una buena excusa. Esos chinos son muy inteligentes.

EL JIBARO: Además, son los únicos que nos están ayudando.

LEVITA: Tenemos que estar preparados con una ofensiva antes de que el rumor comience a correr por las calles de la nación. Primero anunciaremos que el General está muy grave.

CORONEL FACUNDO: Ya eso todo el mundo lo sabe. El pueblo es más inteligente de lo que nosotros nos imaginamos.

LEVITA: De todas maneras, publicaremos la noticia en el órgano oficial del partido. Diremos que el General sufre de una enfermedad maligna. Dentro de una semana anunciaremos su muerte.

EL NIÑO: Yo me encargaré de hacer que les manden un telegrama a todas las embajadas.

EL JIBARO: Son seis solamente.

EL NIÑO: ¿Y qué? Se lo mandaremos a las seis.

EL JIBARO: No, es que tú dices, "a todas las embajadas", como si fuesen muchas.

CORONEL FACUNDO: No pierdan el tiempo en trivialidades. Piensen, piensen. A ver si se les ocurre algo inteligente. (*Todos lucen muy pensativos.*)

LEVITA: Ya lo tengo. Niño, ábrele las rejas a Orlando.

CORONEL FACUNDO: ¿Cómo dices?

LEVITA: (*Lo ignora.*) Comandante Niño, que le abras las rejas a Orlando.

CORONEL FACUNDO: ¿Pero tú hablas en serio?

LEVITA: Coronel Facundo, usted sabe bien que yo nunca bromeo. (*Va y ella misma abre la puerta de* ORLANDO. *El* CORONEL FACUNDO *saca su pistola y le apunta a* ORLANDO.)

CORONEL FACUNDO: Traidor, si pones un pie afuera de esas rejas, te fusilo aquí mismo.

LEVITA: (*Muy calmada.*) Guarda tu pistola. Tengo un plan que creo que va a ser sensacional. Será un golpe muy fuerte para la oposición y para nuestros enemigos en el mundo.

CORONEL FACUNDO: El golpe final te lo daré yo a ti, si el traidor se nos escapa. (LEVITA *abre las rejas y* ORLANDO *sale caminando con mucho trabajo.*)

LEVITA: Siéntate aquí, compañero Orlando. Siéntense. (*Todos se sientan menos el* CORONEL FACUNDO.) Escuchen bien. Todos estamos de acuerdo en que el nombre de Orlando es conocido internacionalmente. Su nombre lo han convertido en sinónimo de libertad, de justicia. En el extranjero han publicado hasta libros con sus pensamientos . . . Es aquí mi plan. Si aprovechamos y conjuntamente con la noticia de la muerte del General damos un virón revolucionario y en un gesto humanitario y reconcilatorio, reincorporamos a Orlando como ideólogo de la junta revolucionaria, ése sería el final de las guerrillas. Los periódicos yanquis ya no nos atacarían y los soviéticos se darían cuenta que Orlando no es marxista, sino amante de la democracia. Más adelante podríamos anunciar elecciones. ¿Qué les parece?

CORONEL FACUNDO: Eso es absurdo. Eso sería traicionar los ideales de nuestro General.

EL NIÑO: Además, si hacemos elecciones, ése sería el final de nosotros.

CORONEL FACUNDO: Tú sabes bien, Levita, que el General nunca estaría de acuerdo con una locura como esa.

LEVITA: Al diablo con el General. El General, el General. ¿Dónde está el General? Míralo ahí. Podrido y lleno de algodón. Un muñeco lleno de algodón. Eso es nuestro General.

EL JIBARO: Y cómo apesta, compañeros.

LEVITA: O actuamos ahora, o entonces, sí, que estamos perdidos.

CORONEL FACUNDO: Yo creo que usted está equivocada, compañera Levita. Ahora más que nunca le estamos dando más fuerte al enemigo. Tenemos cercada a la guerrilla. Estamos más fuertes que nunca.

LEVITA: Los tienen cercados a sesenta millas de aquí. ¿Y qué sucede con los guerrilleros que nos tienen cercados a nosotros? Con las cincuenta bombas que explotan diariamente . . . Usted sabe muy bien, Coronel Facundo, que lo único que ha evitado que las guerrillas entren a la capital es la presencia de Orlando en ese calabozo. Y la promesa suya de matarlo si ellos llegasen a entrar.

CORONEL FACUNDO: Y tú, (*Mirando a* ORLANDO.) ¿qué tienes que decir acerca de todo esto? (ORLANDO *se para con mucho trabajo. Se dirige hacia su calabozo y habla antes de entrar.*)

ORLANDO: La tiranía es una misma en sus varias formas, aún cuando se vista algunas de ellas de nombres hermosos y de hechos grandes. (*Entra y se encierra.*)

CORONEL FACUNDO: Siempre te has creído superior a nosotros. Por eso sabes que eres un traidor y que ahí es donde perteneces. Yo me retiro. Convocaré una reunión de emergencia con todos los oficiales del ejército, la marina y la fuerza aérea. Les comunicaré lo que está pasando. Con su permiso, Generala.

LEVITA: Usted lo tiene, Coronel Facundo. (*El* CORONEL FACUNDO *se retira. A* EL NIÑO *y* EL JIBARO.) Por favor, déjenme sola. (*Ambos salen y cierran la puerta.*) Espero que comprendas lo que estoy planeando hacer.

ORLANDO: Lo comprendo, pero no cuentes conmigo.

LEVITA: Orlando, éste es el momento perfecto para sacarte de ese calabozo. Hace tiempo que lo he venido planeando. Finalmente se lo he dicho al Coronel Facundo, que es él que más se opone a la idea y casi lo acepta.

ORLANDO: ¿Tú crees?

LEVITA: Estoy segura que los otros oficiales estarán de acuerdo.

Y a los miembros del partido no les quedará más remedio que aceptarlo también. Todos están asustados. Lo único que tienes que hacer es pronunciar un discurso en la Plaza de la Nación. Luego nos reuniremos con los miembros de la asamblea popular. Anunciaremos los cambios. Guiaremos el gobierno hacia una democracia, una verdadera democracia, como siempre tú lo has soñado. Sin duda alguna el pueblo te apoyará y yo seré tu compañera, Orlando.

ORLANDO: Levita, sinceramente, me das lástima. Estás hundida en la desesperación. Siempre quisiste el poder. Ahora que lo tienes estás temerosa de perderlo.

LEVITA: Orlando, tú eres el único que sabes perfectamente lo que está sucediendo. Sólo nos queda una alternativa para mantener el poder. Esa alternativa eres tú. Y yo la quisiera compartir contigo. La reja está abierta, sal y ven a mi lado. Además de admirarte por lo puro que siempre has sido, siempre te he admirado como hombre. Una vez nos hicimos el amor, ¿te recuerdas? Bajo el puente y bajo un bombardeo. Después lo hicimos acabadito de tomar el poder. Aquella fue una celebración bien íntima. La última vez lo hicimos exactamente dos días antes de que cayeras preso. Desde ese día, jamás he permitido que me toque otro hombre. Por eso han rumorado de que soy lesbiana. Ellos no saben que siempre mi cuerpo y mi alma han estado en reservas para ti. Ven aquí, Orlando, y hazme el amor de frente a la Plaza de la Nación. Acércate y hazme sentir mujer. Ahora eres libre, ven y penétrame con tu rabia, con tu furia, con tu soberbia revolucionaria. (LEVITA *comienza a desabrocharse la camisa.* ORLANDO *la observa sujetándose fuertemente a las rejas.* LEVITA *continúa.*) Por favor, Orlando. (ORLANDO *cierra los ojos, pero la tentación es más fuerte. Sale del calabozo y va hacia* LEVITA. *La comienza a besar. Las luces están casi apagadas, excepto las que entran por la ventana permitiendo ver los cuerpos de* ORLANDO *y* LEVITA *en silueta.* LEVITA *termina de abrir las ventanas.*) Escucha, Orlando. El pueblo te aclama. Las mujeres de la nación quisieran ser oprimidas por ti. No te detengas, Orlando. Oprímeme revolucionariamente. (ORLANDO *va bajándose hasta desaparecer por la cintura de* LEVITA. *Al fondo se escuchan las voces de la multitud de la Plaza de la Nación gritando.*)

VOCES: Orlando seguro, a Levita dale duro, Orlando seguro, a Levita dale duro . . .

Las voces y las luces se van apagando.

ESCENA TERCERA

Es de noche, por la ventana se ve la luna. Están todos reunidos socializando en la oficina. Algunos toman vino, se escucha una canción acompañada por guitarra. ORLANDO *está sentado cerca de la ventana mirando hacia afuera. Todos ríen de un chiste que terminó de hacer* EL JIBARO.

CORONEL FACUNDO: (*Medio embriagado.*) Muy bueno, muy bueno. Buen chiste, Jíbaro. Buen chiste, buena música y buena compañía. (*Mira de reojo a* ORLANDO.)

EL JIBARO: Hacía tiempo que no nos reuníamos así.

CORONEL FACUNDO: Las circunstancias nos obligan. Antes nos reuníamos con los embajadores, los hombres de empresa, con la supuesta aristocracia, entre comillas.

EL NIÑO: Ahora parecemos un grupo de náufragos en un barco a la deriva.

LEVITA: Mientras tengamos un buen timonel, el barco nunca se irá a la deriva. (*Va hacia donde está* ORLANDO.)

EL NIÑO: (*En la ventana.*) Ya escampó. Me encanta oler el olor de la lluvia sobre los adoquines de la Plaza de la Nación.

CORONEL FACUNDO: El Niño está romántico. Anda y aprovecha, escríbete un poema.

EL JIBARO: Yo daría cualquier cosa por poder estar sentado frente a la bahía, tomándome una cerveza bien fría, viendo los barcos entrar y salir, escuchando un mambo.

LEVITA: Yo me tomaría la cerveza fría, pero sin el mambo, preferiría al Trió Los Panchos. Y a ti, Orlando, ¿cómo te gustaría la cerveza?

ORLANDO: Me gustaría tomármela sin miedo. Tranquilo, sin apuros.

EL JIBARO: Qué lástima que Manos de Seda y el General no estén aquí con nosotros.

LEVITA: Sí, están, seguramente que aquí están. Ellos y todos lo que quedaron en el camino.

EL JIBARO: ¿Tú crees en los espíritus?

LEVITA: Ultimamente yo creo hasta en los peces de colores.

CORONEL FACUNDO: Y tú, Orlando, ¿tú crees en los espíritus?

ORLANDO: Creo en un Dios, y nada más, y espero la felicidad más allá de esta vida. Creo en la igualdad del hombre, y creo que los deberes religiosos consisten en hacer justicia, amar la piedad y esforzarse por hacer felices a nuestros semejantes.

CORONEL FACUNDO: Orlando, ¿por qué tú siempre tienes que contestar con una respuesta complicada y confusa? Tú sigues creyendo en tu dios. Yo sigo creyendo en el mío.

ORLANDO: ¿Cuál es el tuyo?

CORONEL FACUNDO: ¿El mío? El mío soy yo mismo. Yo soy mi propio dios. Yo y mi pistola. Una vez conversamos sobre este mismo tema y nunca me pudiste probar la existencia de Dios.

ORLANDO: Recuerdo y en aquella ocasión te dije lo mismo que te voy a repetir ahora. La imposibilidad en que me encuentro de probar de que Dios exista me prueba su existencia.

EL NIÑO: (*Salta.*) ¡Ya lo tengo! ¡Lo escribí!

EL JIBARO: ¿Qué escribiste?

EL NIÑO: El poema, oigan el poema que escribí.

LEVITA: Vamos a escuchar el poema de El Niño, léelo. (EL NIÑO *va hacia la ventana y comienza a leer su poema.*)

EL NIÑO: La luna es testigo de todo mi miedo. La luna ha salido, y ha salido sin miedo. La lluvia ha caído y ha huido del miedo. El miedo ha venido y yo lo siento sin miedo. (*Se voltea.*) ¿Qué les pareció? (*Se escucha un disparo y* EL NIÑO *salta del impacto, cayendo en el escritorio.* LEVITA *corre a asistirlo.* ORLANDO *se lanza al piso. El* CORONEL FA-

CUNDO *saca su pistola y se esconde detrás de la pared.* EL JIBARO *va y cierra las ventanas con mucho cuidado.*)

CORONEL FACUNDO: Maldito sea. Yo sabía que esto iba a suceder. Los francotiradores nos asechan como buitres.

LEVITA: (*Sosteniendo a* EL NIÑO.) Ayúdenme.

CORONEL FACUNDO: La única ayuda que se le puede dar ahora a ese pobre diablo va a ser enterrarlo.

LEVITA: (ORLANDO *va y la ayuda.*) Pobrecito El Niño. El era el mejor de todos nosotros. Era noble e ignorante.

CORONEL FACUNDO: (*Con una copa.*) Noble e ignorante, uh, quién sabe cuántas uñas habrá sacado.

EL JIBARO: Niño, mi hermano. (*Llorando.*) ¿Por qué esto te tenía que pasar a ti?

CORONEL FACUNDO: (*Coge el teléfono.*) Capitán Bartolo. Ordene que arresten a todo el que se encuentre en los alrededores del palacio y de la Plaza de la Nación. Acaban de asesinar al comandante El Niño. Haga lo que le ordeno. A todo el mundo. (*Cuelga. Entran dos oficiales y ayudan a retirar el cuerpo de* EL NIÑO.)

EL JIBARO: Ahora solamente quedamos cuatro.

CORONEL FACUNDO: Tres, solamente quedamos tres.

EL JIBARO: Tú, Levita, Orlando y yo. Somos cuatro.

CORONEL FACUNDO: Orlando no es uno de nosotros. Quedamos tres.

LEVITA: El Jíbaro está correcto. Quedamos cuatro. Desde este mismo momento el compañero Orlando se incorporará de nuevo a la junta y tendrá todo el poder necesario para reorganizar este carnaval.

CORONEL FACUNDO: Si Orlando regresa a la junta, puedes contar con mi renuncia y la de todos los oficiales de las fuerzas armadas.

LEVITA: Eso lo veremos.

CORONEL FACUNDO: Tú, Jíbaro, ¿te quedas o te vas?

EL JIBARO: A mí no me metan en sus líos.

CORONEL FACUNDO: O te quedas junto al traidor, (ORLANDO *regresa a su calabozo.*) o te vas con los patriotas revolucionarios.

LEVITA: O estás loco, o te haces. No te das cuenta que los revolucionarios son los que están en las universidades, en las montañas, en el exilio. Presos o fusilados. Hace un montón de años que dejaste de ser revolucionario. No dudes tú que esos mismos oficiales, con los cuales crees poder contar, te estén asechando para volarte la cabeza a ti también.

EL JIBARO: Ustedes saben que yo no le tengo miedo a nada. Pero creo que deberíamos prepararnos para irnos de la nación vivos, antes de que sea demasiado tarde.

LEVITA: El Jíbaro tiene la razón. Lo mejor es que vayamos preparando las maletas. Creo que hemos llegado al final.

CORONEL FACUNDO: (*Se pasea por la oficina.*) ¿Y a éste nos lo llevamos?

LEVITA: Orlando se quedará aquí. El es el único que podría evitar más derramamiento de sangre.

CORONEL FACUNDO: Si nos vamos, el se irá con nosotros, al menos hasta que lleguemos a algún lugar seguro. Su compañía nos garnatizará que sus simpatizantes no nos vayan a atacar en el extranjero. Sobre lo del derramamiento de sangre, eso será inevitable. Habrá más sangre, mucha más sangre. Todas las escuelas, los puentes, los edificios del gobierno, todo está minado. El enemigo sólo cogerá cenizas. El general había dado la orden de minar todo el territorio nacional.

ORLANDO: Debe de haber un mapa con los puntos donde se encuentran esas minas.

CORONEL FACUNDO: Usted se calla. Claro que hay un mapa. Está muy bien escondido.

LEVITA: Si tú sabes dónde está, búscalo y daremos la orden para que comiencen a desmantelar todas esas minas.

CORONEL FACUNDO: Qué bien se ve que eres mujer. Eres débil. De nada te sirven los grados de generala. Tú piensas que yo me voy a retirar y abandonar todos estos años de lucha, así como así. Estás muy equivocada. Desde al avión quiero ver a todos juntos a los escombros. Aquí no quedará viva ni una iguana para contar la historia. (LEVITA *saca su pistola y le apunta al* CORONEL FACUNDO. EL JIBARO *se aparta de atrás.*)

LEVITA: Si no me dices dónde está el mapa, te voy a arrestar.

CORONEL FACUNDO: (*Se ríe.*) Me sigue decepcionando tu estupidez. ¿Crees que yo soy retardado? Tengo a varios oficiales encargados de dar las órdenes. Son oficiales, leales a mí, no a ti, Levita. Si algo me pasa, comenzarán las detonaciones.

LEVITA: Criminal.

CORONEL FACUNDO: (*Se ríe.*) Te atreves a llamarme criminal. Entonces tú, ¿qué es lo que eres? ¿crees que porque ahora pretendes estar del lado, según tú, de la justicia, ya te lavaste las manos?

LEVITA: Jamás he matado a nadie a menos que no haya sido en combate.

CORONEL FACUNDO: Y al general y a Manos de Seda. ¿A ellos los mataste en combate? (LEVITA *se queda paralizada y baja la pistola. El* CORONEL FACUNDO *va y le quita la pistola de la mano.*) Mis hombres del Departamento de Investigaciones no son tan ineficientes como parecen. (*Camina hacia al centro detrás del escritorio.*) Ahora me toca a mí, Levita. Desde ahora en adelante yo soy el general. No te pondré bajo arresto, pero sí bajo vigilancia. Y a ti, traidorcito, te llegó tu cuarto de hora. Comiénzale a rezar a tu dios. El domingo te fusilaremos en la Plaza de la Nación.

LEVITA: (*Casi llorando.*) No puedes hacer esa barbaridad.

CORONEL FACUNDO: ¿Quién me lo va a impedir?

LEVITA: Prefiero que me fusiles junto a él.

CORONEL FACUNDO: Eres una maquiavélica tremenda. Si te fusilo junto a él, te convertirás en una mártir. Eso no puede ser, camarada. Presenciarás el fusilamiento, si deseas, desde el balcón y yo desde el avión.

EL JIBARO: Y yo también.

CORONEL FACUNDO: No, Jíbaro, tú dirigirás el pelotón de fusilamiento. Te darás el gusto de dirigir un pelotón formado por más de cien hombres, todos expertos tiradores. Ordenaré un avión para ustedes. Tendrás dos horas para recogerlo todo y huir. Y para que veas que no soy tan criminal, ordernaré que vuelen solamente los edificios gubernamentales y los puentes. Jíbaro, encárgate de avisarle a los oficiales de confianza. Los demás que se las arreglen como puedan. Ya te puedes marchar, Levita. Escribiré el discurso que pronunciaré mañana en la Plaza de la Nación. (LEVITA *se le acerca a* ORLANDO *y le toca las manos. Mira con recelo al* CORONEL FACUNDO.) Vete tranquila, Levita. Al traidor lo fusilaremos hasta el domingo. (LEVITA *sale de la oficina. El* CORONEL FACUNDO *da una vuelta por el escenario y se sienta en el buró. Se ríe.*) Qué cosas tiene la vida, Orlando, qué cosas tiene la vida.

Apagón

ESCENA CUARTA

El escenario luce oscuro. Las ventanas están entreabiertas. La luz de la luna entra y se refleja sobre las rejas. A lo lejos se escuchan disparos de ametralladoras. LEVITA *entra a la oficina, se cercioran que no viene nadie. Va hacia donde está* ORLANDO, *quien está medio dormido.*

LEVITA: Orlando, Orlando.
ORLANDO: ¿Qué haces aquí a estas horas?
LEVITA: Habla bajito. No podía dormir. Necesitaba coversar contigo. El Coronel Facundo ha rodeado el palacio con los hombres aliados a él. Me informaron que los insurgentes ya están en la capital. Han tomado más de diez ciudades. Dudo mucho que el ejército aguante hasta el domingo. El Coronel Facundo dio la orden de que te mataran si te ven salir del palacio. Tenemos que planear una fuga.
ORLANDO: Levita, te agradezco todo lo que haces por mí. Pero yo no me voy a fugar. Yo esperaré aquí. Cuando los guerrilleros tomen el palacio, quiero que me encuentren aquí. Vivo o muerto.
LEVITA: Si no te vas, te encontrarán muerto.

ORLANDO: Seré uno más en la lista. Pero si me encuentran vivo, sé que me escucharán. Trataré de evitar más derramamiento de sangre.

LEVITA: Las fuerzas guerrilleras están infiltradas por los comunistas. Ellos no compartirán tus ideales.

ORLANDO: También hay muchos hombres peleando que no son comunistas. Son hombres que luchan por la justicia, por la libertad, hombres que creen en la democracia. Si me escuchan, sé que mis palabras los harán comprender que solamente con la unidad se podrá lograr la paz y la verdadera libertad para la nación.

LEVITA: Eso mismo predicamos hace veinticinco años. Y mira lo que pasó. Tú siempre has pecado de romántico.

ORLANDO: Ser romántico no es pecado, Levita. Precisamente ése ha sido el mayor de los problemas de los países hermanos nuestros. La falta de romanticismo. Siempre han sobrado los vendepatrias, los oligarcas, los demagogos y los ladrones. Ha habido una gran escasez de hombres románticos. El empresario siempre ha valido más que el poeta, el vendedor más que el pintor, el editor más que el escritor. Nunca hemos querido cargar con la culpa de nuestros errores, de nuestros defectos. Siempre hemos buscado al chivo expiatorio para culparlo de nuestras desvirtudes.

LEVITA: (*Pensativa.*) Gracias a eso, el General se pudo mantener tantos años en el poder.

ORLANDO: Gracias a eso todos los tiranos se mantienen en el poder. Estas son las cosas que quiero conversar con el pueblo.

LEVITA: ¿Y si no te hacen caso?

ORLANDO: Si no me hacen caso, continuará el carnaval.

LEVITA: Si pudiésemos regresar el tiempo.

ORLANDO: ¿Para qué?

LEVITA: Para volver a empezar.

ORLANDO: Para volver a empezar no hay que retroceder el tiempo. Se puede empezar ahora mismo.

LEVITA: O nunca es tarde, si la dicha es buena . . . ¿no es así?

ORLANDO: Así mismo es.

LEVITA: Llevamos muchos años hablando de lo mismo.

ORLANDO: Hablando de lo mismo y no nos casamos.

LEVITA: (*Mira hacia afuera.*) Ya está amaneciendo. Hoy es sábado. Facundo tratará de hablar desde el balcón. Yo se lo impediré.

ORLANDO: Te matarán a ti también.

LEVITA: No creas, Orlando, no me subestimes. Ya yo tengo a mi gente preparada. Cuando el Coronel Facundo entre al palacio, más de quinientos hombres leales a mí penetrarán en el palacio. El Jíbaro está de mi parte. Ese será el final del Coronel Facundo. Entonces te pondremos en libertad y aprovecharemos para que tú le hables a la gente en la Plaza de la Nación. Lo anunciaremos por la radio y por la televisión. Verás que en menos de dos horas la Plaza de la Nación se volverá a llenar de gentes igual que antes.

ORLANDO: Mejor es que te vayas ya.

LEVITA: Orlando, yo sé que tú no me quieres como yo a ti.

ORLANDO: No sé cómo tú me quieres a mí. Pero sé cómo yo te quiero. Te quiero y te respeto como revolucionaria que fuiste hace veinticinco años. Como una buena compañera, que siempre ha tratado de estar del lado bueno. Y como mujer, sabes que siempre me has gustado, aunque nunca te he amado.

LEVITA: (*Se acerca a las rejas.*) Tal vez ésta sea la última vez que nos podamos besar como un hombre y una mujer . . . vivos. (*Comienzan a besarse.* LEVITA *saca una pistola y se la pone en la mano a* ORLANDO.) Guárdala bien. (*Se abrazan fuertemente.* LEVITA *se va retirando lentamente.*)

Apagón.

ESCENA QUINTA

Aparece el CORONEL FACUNDO *sentado en el escritorio. Está dictando una carta al oficial.* ORLANDO *lo observa desde su calabozo.*

CORONEL FACUNDO: (*Dictando.*) Todas las tropas deberán ser acuarteladas. Comenzando hoy mismo. Ponle la fecha. Yo seré el comandante en jefe y general de todas las fuerzas armadas. Ejército, marina, fuerza aérea, la milicia y las organizaciones de vigilancias de barriadas. También comenzando hoy mismo, me convertiré en el presidente civil de la nación. (*A* ORLANDO.) ¿Qué te parece eso, traidorcito? Continúa escribiendo. A todos los líderes guerrilleros y de la oposición, les doy setenta y dos horas para que entreguen sus armas, comenzando hoy mismo. Ponle la fecha. Aquellos que deseen dialogar, yo estaré dispuesto a recibirlos aquí en mi palacio presidencial. Firmo esta declaración hoy. Ponle la fecha. General de todas las fuerzas armadas. Presidente de las organizaciones de vigilancia de vecindarios. Secretario general de la asamblea popular. Primer secretario del Partido Revolucionario Nacional y presidente de la primera nación verdaderamente independiente de América. Coronel . . . no, no, no. Generalísimo Facundo Castulo Ruiz.

OFICIAL: Firme aquí, mi Generalísimo. (FACUNDO *mira a* ORLANDO *mientras firma. El oficial sale de la oficina.* FACUNDO *se pasea por toda la oficina. Mira el cuadro del General y se sonríe. Se asoma con cuidado por la ventana.*)

CORONEL FACUNDO: Todo luce calmado. Deben de estar engrasando las ametralladoras. (*A* ORLANDO.) ¿Qué opinión tienes de todo esto? (ORLANDO *lo ignora.*) Oye, es contigo que estoy hablando.

ORLANDO: ¿De qué te sirve mi opinión?

CORONEL FACUNDO: Aunque te detesto, y si por mí hubiese sido, hacía tiempo que te hubiese limpiado el pico. Pero siempre me han interesado tus ideas. Le podías hacer un favorcito a la nación aportando algunas de tus "progresivas ideas" antes de ser fusilado.

ORLANDO: No basta con ser león, sino que también hay que ser zorro.

CORONEL FACUNDO: ¿Qué quieres decir con eso?

ORLANDO: Hace mucho tiempo. Para ser exacto, como veintidós años, cuando éramos jóvenes, románticos y revolucionalrios, hablábamos del arte de ser un buen revolucionario y el arte de ser un buen gobernante. ¿Te acuerdas?

CORONEL FACUNDO: Sí, me acuerdo. ¿Y qué?

ORLANDO: También hablábamos del arte del engaño. Maquiavelo, Lenin, Mao, Hitler, Musolini, Castro y otros líderes de menos importancia, todos ellos, estoy seguro, que han sido estudiosos del libro "El arte de la guerra".

CORONEL FACUNDO: Siempre has hablado de ese libro.

ORLANDO: Eso lo escribió un chino hace más de veinticinco siglos, Sun Tzu. Para él, el arte de la guerra está basado en el engaño. Aconseja parecer incapaz cuando se es capaz, e inactivo cuando se está en plena actividad; parecer que se está lejos cuando se está bien cerca. Y aparentar que se está cerca cuando se está bien lejos.

CORONEL FACUNDO: Háblame claro, no te entiendo nada.

ORLANDO: Lo más recomendable en la guerra es tomar intacto al enemigo, destruirlo es inferior a este. Ganar cien victorias en cien batallas no es el colmo de la habilidad. El colmo de la habilidad es someter al enemigo sin pelear.

CORONEL FACUNDO: Por eso mismo es que quiero dialogar. No más guerra ni militarismo. Desde hoy soy un presidente civil.

ORLANDO: Ya es muy tarde, Facundo. La sangre desbordó los mares. Ya es demasiado tarde.

CORONEL FACUNDO: Será tarde para ti que vas a morir mañana. Pasado mañana será el renacimiento de la nación. Ya no me pienso ir.

ORLANDO: Sun Tzu también dijo que era mejor ahorrar la violencia y ganar con el menor esfuerzo y costo. No sólo se engaña al enemigo, sino que se le confunde, se le desorienta y se le induce errores.

CORONEL FACUNDO: Okey, cállate ya. Ya me dijiste lo que opinabas.

ORLANDO: Recuerda, Facundo. No basta con ser león, también hay que ser zorro . . .

CORONEL FACUNDO: Que te calles ya. ¿No me oyes?

ORLANDO: Ese siempre ha sido tu punto débil, Facundo.

CORONEL FACUNDO: Cállate, Orlando, o te fusilo yo mismo ahora mismo.

ORLANDO: Tu punto débil. Tu ignorancia . . .

CORONEL FACUNDO: (*Saca la pistola.*) ¿No te vas a callar?
ORLANDO: Tu inseguridad.
CORONEL FACUNDO: (*Le apunta a la cabeza.*) Cállate, traidor, cállate.
ORLANDO: Tu cobardía. (*El* CORONEL FACUNDO *rastrilla la pistola y va a dispararle a* ORLANDO. *En ese momento entra* LEVITA *y le dispara. El* CORONEL FACUNDO *cae al suelo. Detrás de* LEVITA *entra* EL JIBARO *y le dispara a* LEVITA *hiriéndola gravemente.* ORLANDO *coge la pistola que* LEVITA *le había dado y le hace dos disparos al* JIBARO. *Los tres se revuelcan en el piso.* ORLANDO *sale del calabozo.*)
CORONEL FACUNDO: Ay, ayúdame, Orlando, ayúdame. Si lo haces, suspenderé tu fusilamiento.
ORLANDO: (*Sarcástico.*) ¿Y qué más me darías, Facundo?
CORONEL FACUNDO: Te haré ministro. Te daré todo el dinero que desees tomar del fondo de la nación.
ORLANDO: ¿Y qué más?
CORONEL FACUNDO: Si deseas, te entrego la presidencia de la nación.
ORLANDO: Quiero que me la entregues ahora mismo.
CORONEL FACUNDO: Te juro que te la daré después. Ayúdame.
ORLANDO: Después no. Ahora mismo.
CORONEL FACUNDO: Okey. Te declaro presidente de la nación. Desde este mismo momento eres el presidente de la nación. Pero, por favor, déjame a mí las fuerzas armadas.
ORLANDO: Está bien, Facundo. Te dejaré las fuerzas armadas con todas sus armas y todas sus balas, incluyendo ésta. (*Le dispara.* ORLANDO *camina hacia* EL JIBARO.) Jíbaro, tú has sido una víctima de toda esta porquería. Nunca fuiste aliado, siempre fuiste víctima. Pero también eres culpable. Dirigiste fusilamientos. Hiciste masacres en las prisiones políticas. Eres culpable, Jíbaro. Tú también tendrás que pagar tus crímenes. (EL JIBARO *coge su pistola y el mismo se pega un tiro.* ORLANDO *camina hacia donde esta* LEVITA. *La ayuda a sentarse contra el escritorio.*)
LEVITA: ¿Me vas a justiciar a mí también?
ORLANDO: Yo nunca te ajusticiaría, pero no te perdonaría tam-

poco. Aunque tuviste la virtud de darte cuenta de los errores, tú tambien eres culpable.

LEVITA: Si pudiésemos volver a empezar.

ORLANDO: Se puede volver a empezar ahora mismo.

LEVITA: ¿Qué vas a hacer?

ORLANDO: Trataré de hacer lo imposible. De soñar lo soñado. De morir antes de merecer la muerte.

LEVITA: No quisiera morirme, Orlando, quisiera detener la muerte.

ORLANDO: La muerte es un castigo para algunos, para otros es como un regalo y para muchos es un favor. (ORLANDO *besa a* LEVITA *y se va separando de ella lentamente*. LEVITA *cae desplomada, muerta*. ORLANDO *se dirige hacia el balcón. Mira por toda la oficina. Regresa al balcón y se para de frente a la plaza. Se escuchan voces de la multitud*. ORLANDO *hace señas para que se calmen. Con la pistola en la mano*.) Hermanos, amigos, compañeros nacionales. Hoy terminan treinta años de pesadilla. Hicimos una revolucion ejemplar. Pero las ambiciones, la avaricia y el amor por el poder fueron más fuertes que el amor hacia la patria. Hemos destruido a nuestra nación. Muchos muertos, muchos desaparecidos, muchos encarcelados y exilados. Se han violado todas las leyes de los derechos humanos. Al principio decíamos la verdad. Luego nos ahogamos en la mentira. Nuestra nación la convertimos en un carnaval. Un gran carnaval de desfiles de carrozas llenas de torturados, con comparsas de moribundos, con desfiles de enfermos y muertos de hambre. Hoy hermanos, amigos, compañeros nacionales, por el bien de la nación, por el bien de la humanidad, yo les ordeno, yo les pido, yo les suplico que recojan las serpentinas, que se acabó el carnaval. (*Se escucha la multitud gritando: ¡Orlando! ¡Orlando! ¡Orlando!* ORLANDO *se despide y entra a la oficina, camina hasta el frente del público y se para por unos segundos contemplando al público. Camina hacia el cuadro del General, lo mueve como un puerta. Detrás del cuadro se ve una grabadora funcionando. Se continúa escuchando los gritos de ¡Orlando! ¡Orlando! ¡Orlando!* ORLANDO *apaga la grabadora y los gritos se silencian.*

ORLANDO *camina hacia el escritorio y se sienta mirando hacia el público. Se comienza a escuchar el tema musical mientras las luces se van apagando muy lentamente.*)